Selbstkompetenzen bei Jugendlichen fördern

Selbstkompetenzen bei Jugendlichen fördern

Das SMS-Trainingshandbuch zur Verbesserung der beruflichen Integration von Haupt- und Realschülern

von

Eszter Monigl, Bärbel Amerein,
Christiana Stahl-Wagner und Michael Behr

HOGREFE
GÖTTINGEN · BERN · WIEN · PARIS · OXFORD · PRAG · TORONTO
CAMBRIDGE, MA · AMSTERDAM · KOPENHAGEN · STOCKHOLM

Dr. Eszter Monigl, geb. 1966. 1996–2002 Studium der Psychologie in Tübingen. Bis 2004 unter anderem Tätigkeit als Trainerin für Berufsorientierung, Bewerbung und Motivation Jugendlicher. 2004–2009 wissenschaftliche Mitarbeiterin im Bereich Pädagogische Psychologie an der Pädagogischen Hochschule Schwäbisch Gmünd. Seit 2009 Lehrkraft für besondere Aufgaben im Fach Psychologie an der Johannes Gutenberg-Universität Mainz. 2010 Promotion.

Dipl.-Päd. Bärbel Amerein, geb. 1979. 2000–2002 Studium des Lehramtes für Grund- und Hauptschulen in Schwäbisch Gmünd. 2002–2006 Studium der Erziehungswissenschaft mit abschließender Diplomprüfung in Schwäbisch Gmünd. Seit 2006 Dozentin an der Fachakademie für Sozialpädagogik Maria Stern in Nördlingen. Seit 2007 akademische Mitarbeiterin im Forschungsbereich Pädagogische Psychologie sowie am Institut für Frühe Bildung an der Pädagogischen Hochschule Schwäbisch Gmünd.

Dipl.-Päd. Christiana Stahl-Wagner, geb. 1971. 1991–1996 Studium für das Lehramt an Realschulen in Ludwigsburg. Anschließend Tätigkeit als Realschullehrerin. 2002–2010 Seminarschulrätin am Staatlichen Seminar für Didaktik und Lehrerbildung (RS) in Schwäbisch Gmünd. 2005–2008 Weiterbildung zur Systemischen Therapeutin bei der Fortbildungsstelle Psychotherapeutisches Zentrum Stuttgart. 2006 Diplomprüfung an der Pädagogischen Hochschule Ludwigsburg. Seit 2008 Mitarbeiterin im Bereich Psychologie an der Pädagogischen Hochschule Schwäbisch Gmünd. Seit 2010 Schulreferendin am Regierungspräsidium Stuttgart.

Prof. Dr. Michael Behr, geb. 1954. 1973–1978 Studium des Lehramtes, der Musikwissenschaft und Erziehungswissenschaft in Essen und Bochum. 1981 Promotion.1987–1990 Studium der Psychologie in Bielefeld und Bochum. 1978–1993 Assistenturen und Professurvertretungen an der Universität Essen. 1985 Habilitation. Seit 1993 Professor für Pädagogische Psychologie an der Pädagogischen Hochschule Schwäbisch Gmünd. Approbation als Psychologischer Psychotherapeut (Gesprächspsychotherapie), Ausbilder- für Kinder und Jugendlichenpsychotherapie in der Gesellschaft für wissenschaftliche Gesprächspsychotherapie.

Bibliografische Information der Deutschen Nationalbibliothek
Die Deutsche Nationalbibliothek verzeichnet diese Publikation in der Deutschen Nationalbibliografie; detaillierte bibliografische Daten sind im Internet über http://dnb.d-nb.de abrufbar.

Göttingen • Bern • Wien • Paris • Oxford • Prag • Toronto
Cambridge, MA • Amsterdam • Kopenhagen • Stockholm
Rohnsweg 25, 37085 Göttingen

http://www.hogrefe.de
Aktuelle Informationen • Weitere Titel zum Thema • Ergänzende Materialien

Umschlagabbildung: © Chlorophylle - Fotolia.com
Satz: Beate Hautsch, Göttingen
Gesamtherstellung: Druckerei Hubert & Co., Göttingen
Printed in Germany
Auf säurefreiem Papier gedruckt

ISBN 978-3-8017-2269-2

„Ich glaube jetzt wissen alle, dass jeder irgendwas gut kann und irgendwas auch gar nicht gut kann, das ist nämlich echt nervig, wenn immer welche sagen, sie wissen nicht welchen Beruf sie mal machen sollen, weil sie doch so blöd sind und gar nichts können. Ich habe zwar schon gewusst, was ich mal werden möchte, aber jetzt habe ich gesehen, dass andere Berufe auch ganz gut zu mir passen würden."

(Jens, 15 Jahre alt, Hauptschüler)

„Das Training war echt gut, weil wir selber so viel machen durften, auch Sachen wo niemand gesagt hat wie es sein muss, sondern wie wir selber wollten."

(Lena, 14 Jahre alt, Hauptschülerin)

„Ich war immer unsicher, ob ich wohl mal eine gute Friseurin bin, weil man immer so viel mit den Leuten reden muss, aber jetzt glaube ich schon, dass ich das gut machen würde."

(Sarah, 15 Jahre alt, Hauptschülerin)

„Irgendwie komisch, wenn man über seine Stärken nachdenken soll, eigentlich kann ich gar nichts, aber dann hab ich gemerkt, dass ich immer die Gruppe, in der ich war, so organisiert habe, dass es mit allen zusammen geklappt hat."

(Jenny, 15 Jahre alt, Realschülerin)

„Sonst sagen alle wir bekommen nur ne Lehrstelle, wenn die Bewerbung ohne Fehler ist und so, aber es hat noch nie jemand gesagt, wie wir uns verhalten sollen und was wir da so alles sagen können."

(Christoph, 16 Jahre alt, Realschüler)

„Es hat mich nie jemand ausgelacht, wie sonst, wenn ich nichts weiß."

(Holger, 15 Jahre alt, Realschüler)

Vorwort

Das SMS-Trainingsprogramm möchte jugendliche Haupt- und Realschüler bei der Bewältigung des Übergangs in die Berufsausbildung bzw. in den Arbeitsmarkt unterstützen. Ziel ist dabei, die Aufmerksamkeit der Jugendlichen für die Wahrnehmung ihrer eigenen Fähigkeiten und individuellen Möglichkeiten zu stärken sowie ihre Handlungskompetenz insbesondere für Berufswahl- und Bewerbungssituationen zu trainieren.

Um eine systematische Förderung der Jugendlichen zu ermöglichen weist das vorliegende Trainingsprogramm zwei konzeptuelle Besonderheiten auf. Erstens ist es in drei aufeinander aufbauende Trainingsstufen gegliedert, welche in mehreren Schritten und unter Berücksichtigung der Erfahrungen mehrerer Vorstudien entwickelt worden sind. Zweitens wurden bei der Programmentwicklung die Bildungspläne der Bundesländer berücksichtigt. Somit kann das Training von Lehrkräften und Trainingsleitern ohne besondere Vorbereitung und mit geringem Organisationsaufwand anhand dieses Handbuches auch im schulischen Kontext durchgeführt werden. Die Wirksamkeit des gesamten Trainingsprogramms wurde an 533 Haupt- und Realschülern empirisch überprüft.

Bei der Entwicklung und Auswahl des Arbeitsmaterials wurden neben konzeptuellen Zielsetzungen zeit- und beschaffungsökonomische Gesichtspunkte berücksichtigt. Die Vorlagen für die benötigten Arbeitsunterlagen können der beiliegenden CD-ROM entnommen werden. Zur Orientierung sind die Materialien jeweils am Ende der betreffenden Station eingefügt. Das „Selbstreflexion, Motivation, Selbstdarstellung“- Trainingsprogramm (SMS) wurde im Rahmen eines Projektes entwickelt, das gemeinsam von der Robert Bosch Stiftung und der Pädagogischen Hochschule Schwäbisch Gmünd mit Personal- und Sachmitteln gefördert wurde. Wir danken für dieses Vertrauen, das es uns ermöglichte, dieses anspruchsvolle Projekt durchzuführen.

Danksagung

Wir danken den beteiligten Personen für ihr Engagement, ihr Vertrauen und ihr Bemühen, den anspruchsvollen Projektverlauf und die Datenerhebungen zu ermöglichen; insbesondere der Robert Bosch Stiftung danken wir und der Pädagogischen Hochschule Schwäbisch Gmünd, insbesondere den Prorektoren für Forschung Prof. Dr. Astrid Beckmann und Prof. Dr. Thorsten Piske, dem Rektor Prof. Dr. Jürgen Albers und dem Kanzler Edgar Buhl.

Dem Hogrefe Verlag, insbesondere unseren Lektorinnen Nadine Schuchart und Susanne Weidinger danken wir für Ermutigungen, Vertrauensvorschuss und ihre so wertvolle konstruktiv-kritische und sorgfältige Hilfe bei der Erstellung der Manuskripte.

Besonderer Dank gilt vor allem auch den Lehrerinnen und Lehrern der Evaluations-Schulen, die sich mit viel Engagement, Kompetenz und Kreativität auf den Erprobungs- und Evaluationsprozess einließen und ohne die dieses Projekt nicht hätte verwirklicht werden können: Christa Bentele-Lanzet, Hubert Haas, Artur Heide, Christian Höpfler, Jens Lehmann, Sabine Meyer, Christian Schießl, Brigitte Schneider und Oliver Schreek sowie dem Schulpsychologen Hubert Stapf.

Weiterhin bedanken wir uns für die wertvolle Zusammenarbeit und konstruktiven Rückmeldungen bei den Lehrerinnen des Gymnasiums BRG/BORG Wien 15: Margit Lederer, Gerdas Mittelmeier und Judith Winkler.

Die Rektoren der Evaluations-Schulen unterstützten das Projekt und gewährleisteten den nötigen Rückhalt: Hans Hilburger, Hauptschule Neunburg vorm Wald; Wolfgang Janson, Gebrüder-Lachner-Schule Rain am Lech; Monika Mayer-Schumacher, Anne-Frank-Realschule Marbach am Neckar; Thomas Möckel, Realschule Maria Stern Nördlingen; Klaus Offenhäuser, Schiller Realschule Schwäbisch Gmünd; Sibille Renz-Noll, Kastell-Realschule Welzheim; Bernd Schuster, Gottlieb-Daimler-Realschule Schorndorf sowie Christop Straub, Lindenschule Geislingen.

Auch den Schülern der Evaluationsklassen gebührt unser Respekt. Wir haben viel von ihnen lernen dürfen und danken für ihr authentisches Bemühen sich mit unseren Konzepten und mit ihrer Situation auseinanderzusetzen.

Unsere studentischen Tutoren Stefanie Fischer, Anja Peschko, Franz Greiss, Jonathan Härtel und Dustin Munz haben uns bei vielen organisatorischen Arbeiten und dem Datenmanagement unterstützt.

Letztlich gilt unser Dank auch unseren Familien, die uns während dieses Projekts oft den Rücken frei hielten und uns immer wieder gestützt und ermutigt haben.

Das Trainingsprogramm soll allen engagierten Lehrkräften, Pädagogen, Ausbildungsleitern, Psychologen, Jugend- und Sozialarbeitern, usw. eine Anregung und Hilfe und für viele Jugendliche eine wertvolle Unterstützung sein.

Schwäbisch Gmünd, im Juni 2010
Eszter Monigl, Bärbel Amerein,
Christiana Stahl-Wagner und Michael Behr

Inhaltsverzeichnis

CD-ROM

Die CD enthält Materialien in Form von PDF-Dateien. Die PDF-Dateien können mit dem Programm Acrobat® Reader (eine kostenlose Version ist unter www.adobe.com/products/acrobat erhältlich) gelesen und ausgedruckt werden.

1 Einleitung

Die heutige Arbeitsmarktsituation stellt viele Jugendliche hinsichtlich der individuellen beruflichen Orientierung und dem daraus resultierenden Arbeitsplatzerwerb vor eine schwer lösbare Aufgabe. Die Herausforderung, die eigenen Fähigkeiten und Wünsche unter Berücksichtigung der Chancen und Anforderungen des Arbeitsmarkts entfalten zu können, erfordert ein vielseitiges Wissen über sich selbst sowie über Merkmale des angestrebten Berufs. Aber auch bei der Bewerberauswahl oder Arbeitsplatzerhaltung spielen die persönlichen Kompetenzen neben den fachlichen Fähigkeiten eine wesentliche Rolle, denn selbst hochwertige schulische Qualifikationen bieten heute keine Garantie für den Zugang zum Erwerbsleben. So kann eine angemessene Selbstpräsentation von großer Bedeutung für die erfolgreiche Bewältigung von Wettbewerbssituationen sein.

Mangelhafte Selbstkenntnis und ein labiles Selbstwertgefühl können bei derartigen entscheidenden und manchmal überfordernden Situationen zu unrealistischen Einschätzungen der Erfolgschancen führen und sich ungünstig auf die berufliche Laufbahn auswirken. Jugendliche, die keine oder sogar die falschen Entscheidungen treffen, verbrauchen ihre eigenen und fremde Energien, Zeit und Engagement, brechen ihre Ausbildungen ab oder scheitern dabei. Darüber hinaus beherrschen viele Jugendliche keine ausreichenden Selbstwert schützenden und -regulierenden Strategien um mit Misserfolgen, wie beispielsweise Bewerbungsabsagen oder Anpassungsschwierigkeiten in der Ausbildung effektiv umgehen zu können.

Ein weiteres Problem stellt der schnelle Wertigkeitsverlust von Fachkenntnissen dar. Die raschen Weiterentwicklungen in verschiedenen Arbeitsgebieten führen ebenfalls zur wachsenden Bedeutung der Kompetenzen, welche die Anpassung an Anforderungen sowie die Bewältigung von immer neuen Herausforderungen ermöglichen. Heute wird von Mitarbeitern[1] sowohl selbstständige Planung, Organisation als auch Teamfähigkeit und Konfliktbewältigung verlangt (Ministerium für Kultus, Jugend und Sport, 2006). Somit ist offensichtlich, dass für die Bewältigung des Berufsstarts wie auch für die berufliche Standhaltung neben den fachlichen Kompetenzen die Auseinandersetzung und der bewusste Umgang mit dem eigenen Selbst zwingend erforderlich sind.

1.1 Der Auftrag an Schulen und das SMS-Trainingsprogramm

Die Schule als Ort institutionalisierten Lernens hat eine Grundfunktion zu erfüllen: die Qualifizierung der heranwachsenden Generation zur Teilhabe am gesellschaftlichen Leben und zur Vorbereitung auf die Arbeitswelt (Fend, 1980). Jene Qualifizierung erfordert eine ständige Rückkoppelung der Schule an die Gesellschaft. Dabei stellt die Realschule, die eine erweiterte allgemeine Bildung als Grundlage einer Berufsausbildung vermitteln soll, hinsichtlich der sensiblen Wahrnehmung und der raschen Reaktion auf den ökonomischen Wandel, ihre Lehrkräfte vor eine besondere Herausforderung. Ebenso gilt dies für die Hauptschule mit ihrem hohen Anteil an Jugendlichen, die sich möglicherweise schon vor Eintritt in das Berufsleben stigmatisiert und selbstunsicher fühlen. Zudem gilt ein allgemeiner Erziehungs- und Bildungsauftrag, der einer umfassenden Persönlichkeitsbildung verpflichtet ist und eine ausgeprägte ethische Komponente beinhaltet. Dies ist hauptsächlich durch die Integration sozialer und ökologisch orientierter Inhaltsbereiche bzw. Projekte zu leisten (Godel-Gaßner, 2002).

Der gesellschaftliche Auftrag an Schulen ist heute insbesondere von den Anforderungen des Arbeitsmarktes geprägt: „Wir wollen den in ethischer Verantwortung handlungskompetenten Jugendlichen, der fachlich, methodisch, sozial und personal fit ist für alle Anforderungen, die sich ihm nach der Schule beruflich und privat in einer lernenden Gesellschaft stellen.“ (Schavan, 2001; zit. nach Goedel-Gaßner, 2002, S. 10). Wenn personale Kompetenzen auf dem Arbeitsmarkt eine immer wichtigere Rolle spielen, wird auch die Notwendigkeit und Aktualität von Fördermaßnahmen zur Unterstützung des Selbstkonzeptes und von Selbstkompetenzen deutlich. Dennoch wurde bis heute keine Maßnahme für Jugendliche entwickelt, welche diese Kompetenzen gezielt fördert und die für Haupt- und Realschüler geeignet ist.

---

1 Mit Blick auf die bessere Lesbarkeit wird auf den gleichzeitigen Gebrauch männlicher und weiblicher Sprachformen verzichtet. Die verwendeten Gattungsformen beziehen sich deshalb auf beide Geschlechter.

Das Trainingsprogramm wurde für die schwierige berufliche Entscheidungsphase von Haupt- und Realschülern zwischen Klasse 7 und 10 entwickelt. Darüber hinaus bietet es für den Übergang in die Berufsausbildung eine systematische und nachhaltige Förderung. Konzeptuell verpflichtet sich das SMS-Programm einem ressourcenorientierten Förderansatz mit handlungsorientierter Vorgehensweise und wurde zielgruppenspezifisch konstruiert. Es bietet Jugendlichen die Möglichkeit unter geschützten Bedingungen über ihre Stärken und Schwächen zu reflektieren sowie Selbstwirksamkeitserfahrungen zu sammeln. Bei der Entwicklung der Trainingsaufgaben wurden die Bildungspläne der Haupt- und Realschulen mitberücksichtigt.

Der funktionelle Schwerpunkt liegt dabei auf der Klärung der eigenen Stärken und Interessen, auf der Vermittlung Selbstwert regulierender Techniken und effektiver Handlungsstrategien sowie auf der Förderung von Selbstdarstellungskompetenzen. Thematische Schwerpunkte des Trainings bilden die Berufswahlorientierung und die Bewerbung, die auch als integrierendes Element zwischen den verschiedenen Trainingskomponenten fungieren. Somit handelt es sich weder um eine ausschließlich die persönlichen Kompetenzen der Jugendlichen fördernde Maßnahme noch um ein klassisches Bewerbungstraining. Stattdessen verbindet das Programm beide Ansätze und darin liegt auch seine Stärke.

Die Mehrzahl der Jugendlichen hinterfragen ihre persönliche Interessen und Fähigkeiten nicht und stellen sich selbst nicht automatisch Fragen, wie „Was sind meine eigenen Motive?“, „Wie nehme ich mich selbst und wie nehmen mich andere wahr?“, „Welche Ressourcen habe ich um meine Ziele zu erreichen?“. Das SMS-Training ermöglicht es Jugendlichen unter geschützten Bedingungen über ihre Stärken, Schwächen und Ziele zu reflektieren und Erfahrungen zu sammeln, wie sie auf andere wirken und wie sie ihre Ziele umsetzen können.

1.2 Aufbau des Manuals

Aufgrund seines konzeptuellen und strukturellen Aufbaus kann das SMS-Programm ohne weitere Voraussetzungen, mit Hilfe des vorliegenden Handbuches eigenständig mit einer Klasse oder Gruppe durchgeführt werden. Die Gestaltung des Handbuches und die Aufgabenformen ermöglichen eine schnelle Orientierung und leichte Verständlichkeit, so dass das Training von jeder Regelschullehrkraft, aber auch von Schulpsychologen, Sozialarbeitern, Sozialpädagogen oder Erziehern (nachfolgend insgesamt als Trainer bezeichnet) geleitet werden kann.

Inhaltlich ist das Handbuch in einen theoretischen und einen praktischen Teil gegliedert. Im Kapitel *Grundlagen* werden zunächst die theoretischen Hintergründe, das Konzept sowie die bisherigen Ergebnisse hinsichtlich der Wirksamkeit des Trainingsprogramms dargestellt.

Der praktische Teil umfasst die drei Stufen des Trainingsprogramms: Die *erste Trainingsstufe* bildet das Training der Trainer; dieses bereitet mit Hilfe von Essays und praktischen Übungen zukünftige Trainingsleiter auf die Durchführung der beiden weiteren Trainingsstufen mit Jugendlichen vor. Die *zweite Trainingsstufe* beinhaltet das eigentliche Training der Jugendlichen durch den Trainingsleiter. Hier werden die einzelnen Trainingsaufgaben hinsichtlich der Ziele, Durchführungszeit, Materialbedarf sowie Vorgehensweise genau beschrieben und die vorgeschlagenen Arbeitsanweisungen für die Jugendlichen „wörtlich“ angegeben. In der *dritten Trainingsstufe* trainieren sich die Jugendliche gegenseitig und der Trainer ist primär für die Gestaltung der erforderlichen Rahmenbedingungen verantwortlich.

Um die Anwendung des SMS-Trainings für den Schulalltag zu erleichtern, sind am Ende des Trainingsprogramms Bildungsplanbezüge der Länder angegeben. Besonders geeignet ist das Training auch für den Einsatz in Ganztagesschulen, im Rahmen der Schulsozialarbeit oder als Weiterführung des Vormittagsunterrichtes in der Nachmittagsbetreuung.

2 Grundlagen

2.1 Stand der Forschung

Die Erfolgschancen einer Person bei der Bewältigung von kritischen Situationen hängen wesentlich mit ihrem Selbstschutzsystem zusammen (Biebrich & Kuhl, 2004). Ein bedeutsamer Bestandteil dieses Systems ist die Handlungsfähigkeit bzw. -bereitschaft zur Weiterverfolgung von Zielen und zur freien Handlungswahl. Folglich können sich Jugendliche in schwierigen Übergangssituationen nur dann behaupten, wenn sie handlungsfähig sind. Dazu müssen sie Fähigkeiten und Strategien beherrschen, die ihnen helfen, ihre individuellen Ressourcen sowie auch die äußeren Gegebenheiten einzuschätzen und effektiv zu nützen. Eine zuverlässige Erfolgsprognose ist jedoch ohne die Fähigkeit zur Selbstreflexion nicht möglich. Jedoch kann eine umfassende Selbstkenntnis ohne eine zielgerichtete und situationsadäquate Selbstdarstellung (Mummendey, 1995) noch keinen Erfolg garantieren. Personen, die sich ihrer eigenen Fähigkeiten und Ziele nicht ausreichend bewusst sind, kein klares Selbstkonzept und Handlungsalternativen besitzen, können sich in schwierigen Situationen schnell überfordert fühlen und verhalten sich zu wenig zielorientiert.

Aufgrund dieser Zusammenhänge können Anforderungen, die der Wechsel aus dem schulischen in das beruflichen Umfeld abverlangt, als Fähigkeiten zur Selbstreflexion, Selbstdarstellung, Selbstwirksamkeitserwartung und Motivation identifiziert werden. Der intentionale Einsatz dieser Fähigkeiten ermöglicht der Person einen Selbstwert schützenden Umgang mit Hindernissen und hilft, die gesetzten Ziele mit einer guten Portion Selbstvertrauen weiter zu verfolgen oder zu korrigieren. Da Selbstwirksamkeitsüberzeugungen Einfluss auf das Ausmaß der zu verwendenden Ressourcen und die Zielsetzung haben (Britton & Tesser, 1991; Zimmermann & Bandura, 1994), kann die resultierende Erfolgszuversicht die Motivation unterstützen und erleichtert dadurch den Zugang zu weiteren Handlungsoptionen (Kuhl, 2001).

Angesichts der Bedeutung selbstbezogener Kompetenzen für einen erfolgszuversichtlichen Berufsstart stellt sich die Frage, wie diese Kompetenzen für Jugendliche zugänglich gemacht werden können. Weiterhin muss berücksichtigt werden, dass die Fähigkeit zum Wissens- und Kompetenztransfer ein sicheres Beherrschen von Basisfertigkeiten voraussetzt (Wellenreuther, 2004). In der Fachliteratur wird der Förderung von Selbstwert schützenden und -regulierenden Prozessen sowohl für das Anforderungsprofil in der Wirtschaft, für die Existenzgründung aber auch für die Schule große Relevanz beigemessen (Greve, 2000). Betont wird weiterhin die Notwendigkeit von Fördermaßnahmen zur Unterstützung des Selbstkonzeptes in der heutigen westlichen Gesellschaft.

Unter den zahlreichen Programmen, die in den vergangenen Jahrzehnten für Kinder und Jugendliche entwickelt wurden, ist die Mehrzahl ausschließlich auf die Förderung von psycho-sozialen Fähigkeiten ausgerichtet. Beispielsweise zur Förderung sozialer und emotionaler Kompetenzen das „Mich und Dich verstehen“ (Bieg & Behr, 2005), „Psychologische und emotionale Selbstregulation. Ein Interventionsprogramm für Jugendliche“ (Bleicher, 2003) und das „Training mit sozial unsicheren Kindern“ (Petermann & Petermann, 2003), zur Gewaltprävention, das Präventionsprogramm „Faustlos“ (Cierpka, 2001) als Übersetzung des amerikanischen Programms „Second Step“ (Committee for Children, 1992), zur psychischen und physiologischen Gesundheitsförderung das „Fit und Stark fürs Leben“ (Ahrens-Eipper, Aßhauer, Burow & Weigelhofer, 2002; Aßhauer, Burow & Hanewinkel, 1999; Burow, Aßhauer & Hanewinkel, 1998) oder auch Trainings, deren Hauptaugenmerk einseitig auf der Leistungsmotivation (DeCharms, 1979; Fries, 2002) liegen. Darüber hinaus existiert eine Vielzahl von speziellen Bewerbungstrainings wie etwa „So schaffen Sie den Einstieg. Bewerbungstraining für Schulabgänger“ (Püttjer & Schnierda, 2001) oder „Ziel: Ausbildungsplatz. Bewerbungstraining für die Klassen 8 bis 10“ (Brenner & Brenner, 1999), diese sind in ihrer Wirksamkeit allerdings kaum untersucht. Häufig stellt sich jedoch die Frage, ob eine Förderung auch von Lehrern, Pädagogen, Sozialarbeitern usw. eigeninitiativ, anhand eines didaktisch und methodisch ausreichend ausgearbeiteten Trainingshandbuches vorgenommen werden kann? Oder müssen Vorbereitungskurse besucht werden bzw. Materialien für die Durchführung zusätzlich selbst erstellt werden? Und speziell zur Unterstützung der Jugendlichen bei dem Übergang von der Schule in den Beruf: In wie weit und mit welchem Aufwand können verschiedene Maßnahmen miteinander kombiniert werden?

2.2 Das Trainingskonzept

Für die Konzeption von Fördermaßnahmen ist von wesentlicher Bedeutung, auf welchen Generalisierungsebenen Lerneffekte erzielt werden sollen. Trainings sind dadurch gekennzeichnet, dass sie eine über eine reine Performanzsteigerung hinausgehende Kompetenzveränderung anstreben, um die *Generalisierung neuer Verhaltensweisen* zu ermöglichen. In Bezug auf die Strategiekompetenzen und Selbsteinschätzungen betonen Hattie, Biggs und Purdie (1996) die Wirksamkeit derjenigen Maßnahmen, die domänspezifische Techniken, wie beispielsweise Lerntechniken vermitteln und zwar in Verbindung mit kognitiven und metakognitiven Strategien wie beispielsweise das Erstellen von Plänen (Weinstein & Humme, 1998).

Diesen Anspruch verfolgen integrative Trainings und zielen darauf ab, die positive Wechselwirkung zwischen fachspezifischen (z. B. Lerntechniken) und fachübergreifenden Faktoren (z. B. Planungsfähigkeit generell) für den Schutz der Handlungskompetenz und -ausführung auszunutzen. Untersuchungen zur Effektivität dieser Trainingsformen im Bereich schulische Motivationsförderung (Gürtler, 2003; Rheinberg & Krug 1999) ermutigen dazu, diese Vorgehensweise auch auf außerschulische Themenbereiche zu übertragen.

Jene Erkenntnisse aufgreifend gründet das SMS-Training auf der Hypothese, eine nachhaltige Wirksamkeit durch die integrative Förderung von domänenübergreifenden Kompetenzen und spezifischen Inhalten zu erzielen: Um Jugendliche bei ihrem Wechsel in das Berufsleben zu unterstützen, werden generelle Kompetenzförderungsansätze (z. B. zur Selbstreflexion) mit der Vermittlung berufs- und bewerbungsthematischer Inhalte (z. B. berufliche Zielsetzung, Bewerbungsgespräch) kombiniert. Dadurch soll ein stabiler Zuwachs an personalen Kompetenzen insbesondere zur erfolgreichen Bewältigung des Berufseinstiegs erzielt werden. Jugendliche sollen folglich selbstständig und effektiv handeln können und auch in ihrer späteren Berufslaufbahn davon profitieren.

Um diese Zielsetzungen im schulischen Setting verwirklichen und gleichzeitig eine systematische Förderung der Jugendlichen ermöglichen zu können, wurde das SMS-Training mit der Vorgabe entwickelt, eine zeit- und umsetzungsökonomische Gestaltung zu gewährleisten. Präzise Trainingsinstruktionen und handlungsorientierte Aufgaben ermöglichen, dass der Trainer weitgehend entlastet werden kann. Somit sind für die Durchführung des Trainings keine besondere Vorkenntnisse oder Kompetenzen des Trainers erforderlich.

Hinsichtlich der Vorgehensweise akzentuiert das Trainingsprogramm handlungsorientierte sowie ressourcenorientierte Ansätze:

- Die *handlungsorientierte Vorgehensweise* verfolgt ähnlich einem handlungsorientierten Unterricht (Meyer, 1994) das Ziel, Wissensinhalte in realen Handlungen zu verankern und effektiven Wissenstransfer zu gewährleisten. Weiterhin erlaubt dies eine auf ganzheitlichen Lernprozessen fundierende Förderung der Handlungskompetenz. Diese Methode wird insbesondere durch die Möglichkeit, Lernprozesse und -inhalte durch Handlungsprodukte realisieren zu können, unterstützt, so soll eine bessere Identifikation der Jugendlichen mit den Trainingsaufgaben sowie mit den resultierenden Ergebnissen bewirkt werden. Handlungen werden hierbei im weiteren Sinne als kognitives, verbales und motorisches Handeln sowie als Einzelarbeit- oder Gruppenaktivität aufgefasst. Zentraler Aspekt der handlungsorientierten Vorgehensweise bildet die Art der Aufgabestellung sowie die Instruktionen, die grundsätzlich zum selbstständigen Handeln ermutigen sollen. Die Aufgaben selbst sollen die Leistungsmotivation (vgl. Heckhausen, 2003) der Jugendlichen ansprechen und deshalb eine Herausforderung darstellen, welche sie jedoch weder überfordert noch unterfordert (Wellenreuther, 2004).
- Die *Ressourcenorientierung* bezieht sich auf die Zielsetzung, bereits vorhandene Ressourcen der Jugendlichen hervorzuheben und diese als bewussten Bestandteil ihrer Kompetenzen zu integrieren und zu fördern. Entsprechend des von Steve de Shazer und seinen Kollegen (De Shazer et al., 1986) ausgearbeiteten Prinzips der Lösungsorientierung verfügt jedes System und auch jeder Mensch bereits über alle Ressourcen, die er zur Lösung seiner Probleme bzw. zum Ausgleich seiner Defizite benötigt, aber noch nutzt er sie nicht. Dabei wird angenommen, dass zur Herausarbeitung der Ressourcen der Fokus nicht auf die Probleme sondern auf die Konstruktion von Lösungen gerichtet werden muss (von Schlippe & Schweitzer, 2003). Hierzu werden im Training Frageformen angewendet, die bei Jugendlichen neue Sichtweisen und Denkprozesse anregen und somit zur Klärung des Selbst beitragen und die Beziehung zu

Anderen ermöglichen. Solche Fragen zur Möglichkeitskonstruktion stellen somit ein Mittel dar, um ein unbedrohliches Probehandeln zu ermöglichen und neue Wege kreativ anzugehen (von Schlippe & Schweitzer, 2003)

Jene Ansätze unterstützend, wurde bei der Trainingskonstruktion das Vorhaben verfolgt, sowohl auf der Aufgabenebene, auf der Stufenebene als auch über das gesamte Trainingsprogramm hinweg folgende Regeln integrieren zu können: (a) zu lösungsorientierten Handlungen und zum Erfahrungsaustausch animieren; (b) Aktivierung der persönlichen Ressourcen; (c) Förderung der Selbstständigkeit und der Selbstwirksamkeitserfahrung (Bandura, 1997).

Neben den Aufgabenstellungen ist hierbei die Trainerrolle von großer Bedeutung, die eine koordinierende und begleitende statt agierende Haltung vorsieht. Denn nicht nur das Suchen und Finden von Aufgabenlösungen sondern auch das selbstständige Lösen von persönlichen „Problemen“, wie beispielsweise Hilfe oder Unterstützung einfordern, Nachfragen, Informationen einholen, Unklarheiten klären oder auch Eindrücke austauschen sollen im Trainingsverlauf animiert und ermöglicht werden.

Durch die handlungsorientierte Aufgabengestaltung und eine zurückhaltende Trainerhaltung werden Jugendliche zu mehr Kooperationsbereitschaft in der Gruppe aufgefordert und ihnen werden zusätzliche Selbstwirksamkeitserfahrungen ermöglicht (vgl. Kapitel 2.3). Diese sind wiederum förderlich, um realistischere Zielsetzungen (Britton & Tesser, 1991) zu generieren und erleichtern den Zugang zu weiteren Ressourcen sowie deren Verwendung (Kuhl, 2001).

Um eine höchstmögliche Wirksamkeit zu gewährleisten und die Trainingseffekte nachhaltig zu sichern, werden die verschiedenen Kompetenzbereiche sowohl allgemein thematisiert als auch in direkter Selbsterfahrung trainiert. Zuerst wird ein Thema (z. B. Stärken und Schwächen) anhand eines Beispiels erarbeitet, um das Modellernen (Bandura, 1977) zu ermöglichen, danach wird versucht, die Jugendlichen mit den Aufgaben individuell anzusprechen.

Diese Vorgehensweise und die initiierten persönlichen Überlegungen und Erfahrungen fördern die bewusste und selbstwertschützende (Greve, 2000) Auseinandersetzung mit eigenen Stärken und Schwächen, Zielen, Selbstzuschreibungen oder Persönlichkeitseigenschaften. Sie dient der Reduktion eventueller Widerstände der Jugendlichen und fördert die Motivation.

Über die Aufgabengestaltung werden positive Erfahrungen hinsichtlich individueller Fähigkeiten, Leistungen, Beziehungs- und Kontaktfähigkeit ermöglicht, dadurch fungieren sie auch als umfassende Quellen für selbstwertförderliche Erfahrungen (Schütz, 2003).

Darüber hinaus soll eine dreistufige Staffelung des Trainings die Effektivität der eingesetzten Lernformen (u. a. Modellernen, Erfahrungslernen und kooperatives Lernen) und die Kompetenzentwicklung unterstützen sowie die herausgearbeiteten Ressourcen stabilisieren. Aus diesem Grund beginnt das Trainingsprogramm mit einem Trainer-Training, auf welches das Training der Jugendlichen folgt, als dritte und letzte Stufe wird ein Selbsttraining der Jugendlichen durchgeführt. Dabei basiert die dritte Trainingsstufe schwerpunktmäßig auf der Methode „Lernen durch Lehren“ (Graef & Preller, 1994; Martin 2002). Diese Methode wurde ursprünglich aus der Fremdsprachendidaktik entwickelt mit dem Kerngedanken, dass die Lehrfunktion auf Schüler übertragen wird, um deren Aktivität im Unterricht zu steigern. Neben fachspezifischen Vorteilen zeigen sich bei dem lehrenden Lernen auch positive Auswirkungen auf die Motivation, Selbstbewusstsein, Teamfähigkeit und Problemlösekompetenz der Schüler (Graef & Preller, 1994; Martin, 2002). Es wird angenommen, dass die Aufgabe, anderen Schülern Wissensstoff zu vermitteln, den Bedürfnissen nach Sicherheit, nach sozialem Anschluss und sozialer Anerkennung sowie nach Selbstwirksamkeit und Sinnerleben entgegenkommt.

2.3 Die vier Kompetenzbereiche des Trainings

In Hinblick auf die in der Einleitung beschriebenen Anforderungen, welche Jugendliche bei ihrem Berufseinstieg sowie für eine erfolgreiche berufliche Integration bewältigen müssen, fußt das SMS-Trainingskonzept auf der Operationalisierung von vier theoretischen Konstrukten:

- Selbstreflexion,
- Selbstdarstellung,
- implizite Motive und
- Selbstwirksamkeitserwartung.

2.3.1 Kompetenzbereich Selbstreflexion

Selbstreflexion (Tisdale, 1998) ermöglicht den Jugendlichen ihre Gedanken oder Gefühle nachzuvollziehen und hilft ihnen zu verstehen, warum sie bestimmte Ziele erreichen wollen, bzw. warum erwartete Effekte eingetreten oder nicht eingetreten sind. Sie ist Ausgangspunkt und immer wieder auch Zwischenstation, um überhaupt ein bestimmtes Ziel erreichen und Ergebnisse überprüfen zu können.

Nach Tisdale werden während des Prozesses der Selbstreflexion eigene Handlungen betrachtet und analysiert, und zwar in dem man die jeweilige Tätigkeit rekapituliert und Aspekte, die nicht mehr richtig erinnert werden können, entsprechend rekonstruiert (Tisdale, 1998). Demnach bietet Selbstreflexion dem Akteur eine Art innere Landkarte, die hilft, den Verlauf der eigenen Handlungen, Gedanken oder Gefühle nachvollziehen zu können. Neben den Überlegungen ‚was' genau jemand getan hat, muss sich die betreffende Person auch Gedanken darüber machen ‚warum' sie jene und nicht beliebig andere Effekte erzielen wollte. Es geht also nicht nur darum, Vergangenes Revue passieren zu lassen, sondern das Zurückliegende gewissenhaft, selbstkritisch und ehrlich zu analysieren. Dabei ist es durchaus möglich, dass Einzelheiten nicht mehr erinnert werden können, aufgrund größerer zeitlicher Distanz nicht mehr verfügbar sind, oder wegen ihrer untergeordneten Rolle im Gesamtprozess nie genau wahrgenommen wurden. Solche Unschärfen müssen natürlich repariert werden: durch Rückgriffe auf bisher gemachte Erfahrungen, Vermutungen, was an diesem Punkte hätte geschehen können, oder Ausschlussverfahren, welche Möglichkeit am plausibelsten ist.

Funktionen der Selbstreflexion lassen sich erkennen, wenn man sich Gedanken über ihren Nutzen macht. Allerdings ist an dieser Stelle vor allem das Agieren in komplexen Problemlösesituationen interessant, denn gerade unter solchen Umständen sollten Menschen besonders handlungsorientiert und bemüht sein, einen Lösungsweg zu finden. Euphorisch, motiviert, zielstrebig, zurückhaltend, ängstlich oder gar eingeschüchtert sollten sie Pläne schmieden, sich explizit für eine Option entscheiden und sich Schritt für Schritt langsam vorwärts arbeiten. Doch oft springen sie mehr oder weniger überlegt in die Aufgabe oder machen vielleicht auch gar nichts und hoffen auf glückliche Umstände.

Die Selbstreflexion beinhaltet auch die Organisation des eigenen Denkens und Planens vor der Initiierung einer Handlung. Aufgrund der Bewertung und Analyse vorangegangener Prozesse unterstützt sie Entwürfe eines neuen schematischen Verlaufs, generiert eine Art begleitendes Denkprogramm für das weitere Vorgehen. Selbstreflexion ermöglicht es, Denkstrukturen, die im Prozess der Zielverfolgung nicht so förderlich wie vermutet sind, zu verändern und in die richtige Richtung zu lenken. Sie bildet die Grundlage, um aktuell ablaufende Handlungen und Denkvorgänge mit bereits gemachten Erfahrungen zu vergleichen; diese Erfahrungen haben sich möglicherweise aus ähnlichen Selbstreflexionen in der Vergangenheit herauskristallisiert. Im Idealfall kann durch die Selbstreflexion auf vergangene Prozesse zurückgegriffen werden, welche das Individuum darin unterstützen, seine aktuelle Handlung nach diesen bereits erlebten Situationen zu gestalten und zu verändern.

Aus alledem folgt, dass Selbstreflexion einen nahezu unverzichtbaren Bestandteil unserer Selbstorganisation darstellt und somit auch für die Fähigkeit zur Selbstdarstellung, Differenzierung von Motivationen als auch für Selbstwirksamkeitserwartungen von großer Bedeutung ist.

Nach Tisdale (1998) treten ausgeprägte Selbstreflexionsprozesse eher selten auf. Weshalb verzichten Menschen auf ein derart wichtiges Instrument, welches das Denken und Handeln begleitet? Alltägliche Situationen beinhalten geringe Anforderungen, die in minimal variierender Form stetig wiederholt werden. Ausgesprochene Problemlösesituationen sind dabei selten zu finden. Wir haben ein großes Repertoire an Routinen und Automatismen, die meist zuverlässig funktionieren und die auch auf kleine alltägliche Veränderungen ohne neue Denkmuster reagieren können. Solche Prozesse werden nicht willentlich unterbrochen, um alternative Handlungsmöglichkeiten gegeneinander abzuwägen oder zu analysieren. Vielmehr werden wir dadurch befähigt, effizient, zeitsparend und unsere kognitiven Kapazitäten schonend zu agieren. Ebenso benötigen wir für heikle Notfallsituationen ein angemessenes Handlungsrepertoire – oftmals würde zeitintensives Nachdenken und Analysieren gefährliche Konsequenzen nach sich ziehen.

2.3.2 Kompetenzbereich Selbstdarstellung

Nach Mummendey (1995) spielt Selbstdarstellung in nahezu jeder sozialen Situation eine Rolle, denn

Menschen sind bemüht, sich gegenüber ihrer sozialen Umgebung möglichst positiv zu präsentieren. Somit kann fast jedes menschliche Verhalten auch unter dem Aspekt der Selbstdarstellung aufgefasst und interpretiert werden.

Das Phänomen des „Sich-selbst-Darstellens" ist insbesondere für die Eindruckssteuerung (Impression-Management), also für jenen Eindruck, der beim Interaktionspartner erzielt werden soll, von großer Bedeutung. Schlenker und Weigold (1992) weisen auf innere Prozesse hin, die für das Selbstdarstellungsverhalten dabei maßgeblich verantwortlich sind. Demnach können Eindrücke, die andere gewinnen, durch Verhaltensweisen oder Gefühle, wie etwa Selbstwertschätzung, Authentizität oder auch das Hoffen auf soziale oder materielle Vorteile bedingt sein.

Selbstdarstellung im Sinne von Eindrucksteuerung ist ein aktiver Prozess, in dem eine Art Verhaltenskontrolle über die Interaktionspartner zum Ausdruck kommt (Mummendey, 1995). Absichtlich oder unabsichtlich gibt die Person gegenüber dem Interaktionspartner Informationen über das eigene Selbst frei, welche wiederum das Bild, das sich der Andere macht, gesteuert wird. Somit besteht zwischen der vermittelten Selbstdarstellung und der vom Gegenüber aufgenommenen Fremddarstellung eine Wechselwirkung. Dadurch entsteht ein immerwährender Lernprozess, der maßgeblich aus der Verstärkung des Selbstdarstellungsverhaltens resultiert. Das heißt, Menschen sind im Sinne einer Konditionierung danach bestrebt, von Anderen Zustimmung zu erhalten und Ablehnung zu vermeiden, denn der Anlass sich anderen positiv zu präsentieren geht mit dem Wunsch belohnt zu werden einher.

So ist es nachvollziehbar, dass die Basis für eine gelingende Selbstdarstellung bereits sehr früh mit dem Aufbau des Selbsterlebens und des Selbstwertgefühls bzw. im Zusammenhang mit der Entwicklung des Selbstkonzepts einsetzt (Berk, 2005; Fuhrer, Marx, Holländer & Möbes, 2000). Zu Beginn des Jugendalters wird das Bewusstwerden des „ich-Selbst", das auch die Bewältigung der in diesem Alter typischen Diskrepanzen zwischen realem und idealem Selbstbild vorantreibt, deutlicher (Fend, 1994). Durch die Zunahme der Differenzierung in der Selbstbeschreibung (Pinquart & Silbereisen, 2000) beginnen Jugendliche auch bewusster damit umzugehen, was sie von ihrer Person preisgeben und wie sie nach außen hin erscheinen wollen (Fend, 1994).

Durch Förderung der Selbstdarstellungskompetenz können Jugendliche deshalb sowohl bei der Entwicklung ihres Selbst als auch hinsichtlich ihrer Verhaltensweisen bei der Eindrucksteuerung unterstützt werden. Selbstdarstellungskompetenz umfasst jedoch im weiteren Sinne auch die individuelle Wahrnehmungs-, Ausdrucks- und Darstellungsfähigkeit, um in den jeweiligen Situationen angemessen zu handeln, sowie die eigene Selbstbestimmung und Urteilsfähigkeit. Dabei können kreative Arbeiten mit Selbstbildnissen, die eine Auseinandersetzung mit dem Selbst fördern, für die Selbstdarstellungskompetenz besonders vorteilhaft sein.

Die bekannteste Klassifikation der Techniken des Impression-Managements stammt von Tedeschi (1985), der zwischen Strategien und Taktiken unterscheidet. Strategien sind langfristig angelegt und situationsübergreifend, Taktiken hingegen verfolgen kurzfristige und situationsspezifische Ziele. Zum Beispiel wäre, um ein vorteilhaftes Aussehen zu erlangen, eine Gesichtsoperation eine Strategie und die Verwendung von Make-Up eine Taktik. Außerdem unterteilt Tedeschi (1985) die Eindruckssteuerung in eine assertive und eine defensive Vorgehensweise. Bei ersterer ist das Selbstdarstellungsverhalten aktiv vorgetragen und zielt darauf, Vorteile zu erreichen (z. B. eine Belohnung erhalten). Im Gegensatz dazu versucht defensives Verhalten auf passive Art und Weise die eigene Identität zu wahren, wenn sie z. B. in Frage gestellt wird.

Allerdings ist diese Systematik nicht eindeutig, da Taktiken und Strategien nicht immer klar voneinander getrennt werden können. So kann ein Jugendlicher, der regelmäßig einmal im Monat seine Oma besucht, taktisch vorgehen (z. B. um ihr immer wieder besondere Wünsche vorzutragen, die sie erfüllen soll) oder auch strategische Absichten hegen (z. B. tatsächlich um ihr Wohlergehen und ihre Gesundheit besorgt sein). Ebenso verhält es sich mit assertiver und defensiver Selbstdarstellung: ein Jugendlicher, der mit dem Skateboard in die Schule kommt, möchte einen Eindruck erwecken (assertiv – er ist nach der Schule sportlich aktiv) oder auch vermeiden (defensiv – das Erledigen von Hausaufgaben ist ihm unwichtig). Aufgrund dieser teilweise großen Überlappung zwischen den Kategorien löst Mummendey (1995) diese Einteilung auf und teilt die verschiedenen Vorgehensweisen in positive und negative Selbstdarstellungstechniken ein.

Angesichts des Trainingsvorhabens bei Jugendlichen eine nachhaltige Förderung zu bewirken und sich hierzu auf die Vermittlung von Selbstdarstellungs*strategien* zu konzentrieren, wird im Folgenden die eben aufgezeigte Taxonomie als Ordnungshilfe beibehalten. Nach Mummendey (1995) können längerfristig insbesondere folgende fünf Strategien eine positive, sozial günstige und anerkannte Darstellung des Selbst erwarten lassen:

1. *Kompetenz und Expertentum signalisieren.* Sich selbst besondere Fähigkeiten und Kenntnisse zuzuschreiben, zeugt nicht von Bescheidenheit, ist aber für den persönlichen Werdegang zweifellos förderlicher, als Fähigkeiten zu verschweigen. Allerdings sollte eine Person nur am Anfang unbescheiden auftreten, um auf ihre Kompetenzen hinzuweisen. Sobald die Interaktionspartner die Kompetenz zur Kenntnis genommen und akzeptiert haben, gilt es wieder bescheiden zu erscheinen. Unangemessen wäre es, auf (vermeintlich) positive Kompetenzen hinzuweisen, wenn das Gegenüber bereits über Schwächen und Misserfolge Kenntnis hat. Ein achtbares Verhalten an dieser Stelle ist es, die Fehler zuzugeben. Signalisieren von Kompetenz und Expertentum kann vor allem für sonst eher sozial unsichere, unattraktive, wenig kommunikationsfreudige Menschen vorteilhaft sein: Ihnen wird es trotz ihrer Schwierigkeiten positiv angerechnet, wenn sie auf einem bestimmten Gebiet Experte sind (Mummendey, 1995). Außerdem kommt der Spezialisiertheit besonders im Berufsleben eine wichtige Bedeutung zu.
2. *Attraktivität herausstellen.* Das Herausstellen der eigenen Attraktivität kann bei der Selbstdarstellung auf vielfältige Weise angewandt werden. Impression-Management-Strategien beziehen sich aber nicht nur auf Kompetenz oder Expertentum, sondern auch auf Beliebtheit, Sympathie oder sozial-emotionale Einschätzung, dies wird auch mit Attraktivität beschrieben. Attraktive Menschen wirken sympathischer und üben einen größeren Einfluss aus. Techniken, um immer mehr Attraktivität zu erreichen, können vielfältig sein. Gelingt es einer Person in den Augen anderer Personen attraktiv zu erscheinen, so verfügt sie über eine universell verwendbare Ressource. Zuviel Kompetenz und Fähigkeit können hier allerdings hinderlich sein. Baumeister, Cooper und Skib (1979) fanden z. B. heraus, dass Menschen freiwillig schlechtere Leistungen zeigen, nur um attraktiver zu sein. Am besten kann Attraktivität über den Belohnungswert definiert werden. Darüber hinaus stellt diese Technik eine wichtige Ressource in Bezug auf soziale Macht dar: Attraktive Kommunikationspartner üben beispielsweise einen größeren Einfluss auf die gemeinsame Problemlösung aus.
3. *Status und Prestige betonen.* Kleidung, äußere Erscheinung und Statussymbole sind nach außen erkennbare Zeichen und nur einige von zahlreichen Formen der nonverbalen Selbstdarstellung. Hiermit können Status und Prestige zum Ausdruck gebracht werden (Markenkleidung, Schmuck, Auto etc.). Aber auch ein wissenschaftlicher Titel oder die Stellung in der Hierarchieebene bei Managern sind „Status-Symbole im Sinne des symbolischen Interaktionismus“ (Mummendey, 1995). Sie sind ein erstes, äußerliches Indiz dafür, wie viel Reichtum, Macht, Bildung, Kompetenz ihrem Träger zuzuschreiben sind. Wer also einen positiven Eindruck vermitteln möchte, sollte einen Perspektivenwechsel vornehmen, sich immer mit den Augen seiner Interaktionspartner betrachten und sich über den ersten Eindruck, den man hinterlässt, bewusst werden. Anzumerken bleibt noch, dass Status und Prestige eigentlich nicht dasselbe meinen: Prestige meint sozialen Einfluss, der aber nicht an eine bestimmte Funktion, Rolle oder Amt geknüpft ist. Status hingegen verweist eher auf den Einfluss sowie die Autorität, welche mit einer bestimmten Position verbunden sind.
4. *Glaubwürdigkeit und Vertrauenswürdigkeit betonen.* Glaubwürdigkeit meint mehr als Vertrauenswürdigkeit das tatsächliche Zutreffen und die Wahrheit eines vorhergesagten Ereignisses oder Verhaltens. Im Hinblick auf Bewerbungssituationen, aber auch in Alltagssituationen lohnt es sich, beim Interaktionspartner das Image der Glaubwürdigkeit und Vertrauenswürdigkeit zu haben, denn beides sind universell und unspezifisch einsetzbare Ressourcen, die über sozialen Einfluss verfügen. Wer beide Eigenschaften besitzt, hat nicht nur bessere und intensivere Beziehungen zur Umwelt, sondern kann die Mitmenschen auch eher beeinflussen und für seine Wünsche und Ziele gewinnen. Nach Rogers (1957) wird Glaubwürdigkeit auch mit dem Begriff „Echtheit“ bezeichnet, die beim Gegenüber auch Wertschätzung und Empathie auslösen kann. Ein glaubwürdiger Kommunikator ist in der Regel wesentlich effizienter bei der Meinungsbeeinflussung und Einstellungsänderung seiner Mitmenschen als eine weniger vertrauenswürdige Quelle (vgl. Hovland, Janis & Kelley, 1953; Mummendey, 1995, S. 152).
5. *Offenheit hervorkehren.* Hier geht es darum, dem Interaktionspartner Einblick in die eigene Person zu gewähren. Die Strategie birgt gleich-

zeitig mehrere Vorteile in sich: Eine offene Person, die Einblick in ihr Inneres gibt, ist beliebter, sympathischer und vertrauenswürdiger. Außerdem ist ein positiver Nebeneffekt, dass die Offenheit vom Interaktionspartner imitiert wird und er quasi als Gegenleistung ebenso Einblick gibt. Dies wiederum kann der Person eine wichtige Hilfe für den weiteren Gesprächsverlauf bieten (Carkhuff, 1969). Allerdings muss die Öffnung situationsspezifisch ablaufen und kann nicht in allen Interaktionen nach dem gleichen Schema geschehen. Es kommt auf das richtige Maß an Offenlegung von Informationen und Gefühlen an – sowohl zuwenig als auch zu viel „self-disclosure“ kann aber auch als unangemessen gelten und zu einem Bumerang-Effekt führen (Mummendey 1995).

2.3.3 Kompetenzbereich Motivation

Menschen unterscheiden sich dahingehend, wie sie bestimmte Situationen wahrnehmen und bewerten. Diese Bewertungsmaßstäbe sind individuell stabile, d. h. über längere Zeit gleich bleibende Merkmale, die als Motive (Rheinberg, 2004) bezeichnet werden. So kann beispielsweise der Deutschunterricht unterschiedlich wahrgenommen werden: für den einen Jugendlichen eine Chance, die eigenen Leistungen zu zeigen (Leistungsmotiv), für einen anderen kann der Unterricht die Möglichkeit bieten Kontakt zu seinem Lieblingslehrer aufzubauen (Anschlussmotiv). Motivation entsteht dann, wenn ein bestimmtes Motiv in einer Situation aktiviert wird, d. h. die Person ist aktuell motiviert. In verschiedenen Situationen können jedoch unterschiedliche Motive relevant sein, und dies eventuell auch in variierender Intensität.

Nach dem Konzept der *Impliziten und Expliziten Motive* (McClelland u. a., 1989) können Motive einerseits als persönliche (implizite) Motive, anderseits als selbst zugeschriebene (explizite) Motive bezeichnet werden. *Implizite Motive* sind vor allem durch genetische Faktoren und frühkindliche Erfahrungen geprägt, sie sind sehr stabil und werden hauptsächlich durch Anreize bei bestimmten Tätigkeiten angeregt (z. B. Gespräch mit Anderen, Problemlösen). *Explizite Motive* kennzeichnen dagegen diejenigen Vorstellungen, die eine Person von ihren Wünschen, Zielen und Werten hat (z. B. Chef zu sein). Diese Motive sind uns bewusst und sind eher in kurzfristigen, stark strukturierten oder sozial definierten Situationen (z. B. am Arbeitsplatz) zu erkennen. Individuelle Unterschiede hinsichtlich expliziter Motive sind v. a. auf Lern- und Sozialisationsprozesse zurückzuführen (Rheinberg, 2004). Diese Motive werden oft durch soziale Anreize (z. B. Vergleiche mit anderen Menschen oder auch Hoffnungen) geprägt. Deshalb erzielen Personen mit einem impliziten Leistungsmotiv, also mit einem nachhaltig hohen Leistungsbedürfnis bei leistungsbezogenen Aufgaben, bessere Ergebnisse als jene mit „angelernter“ Leistungsorientierung (McClelland u. a., 1989).

Viele Entscheidungssituationen werden jedoch durch zugleich aktualisierte widersprüchliche Motive erschwert. Ein Jugendlicher kann beispielsweise als explizites Motiv Karriereziele (z. B. Model zu werden) verfolgen, obwohl es zu seinem nicht bewussten impliziten Motiv (z. B. viele Freunde zu haben) nicht passt. Die Beachtung von impliziten Motiven spielt allerdings für unser Wohlbefinden und für die Erhaltung unserer Handlungsfähigkeit eine wesentliche Rolle. Personen, bei denen implizite und explizite Motive stark voneinander abweichen, setzen Ziele, die zu ihrem Selbstbild (z. B. „ich werde erfolgreich“) passen, aber es fällt ihnen schwer entsprechend zu handeln, weil ihre impliziten Motive gegensätzliches Handeln erfordern (z. B. soziale Kontakte pflegen). Sie müssen die aus den impliziten Motiven erwachsenen Handlungstendenzen oft mit großer Willensanstrengung überwinden, um den Weg zum expliziten Ziel (trotz Ablenkungen z. B. durch Freunde) zu verfolgen und sich immer explizit überzeugen, dass dies, was sie gerade tun, gut und sinnvoll ist.

Persönlichkeitstheoretisch korrespondiert das Konzept von McClelland mit der schon in den 50er Jahren von Rogers (1951, 1959) formulierten Theorie der Inkongruenz von Selbstkonzept und organismischer Erfahrung. Die gesunde Person nimmt, zusammen mit der Wahrnehmung eines Reizes, organismische, affektnahe Signale wahr, die eindeutige Bewertungen in Hinblick auf mögliche Zielerreichungen geben. Die Bewertungen der organismischen Erfahrungen werden jedoch durch Bewertungen von bedeutenden sozialen Netzwerken oder auch Einzelpersonen in Teilen überlagert, die die Person internalisiert. Sie kann die Quelle der Bewertungen dann nicht klar unterscheiden und erlebt sich folglich als innerlich unwohl und ungeordnet, zuweilen widersprüchlich im Verhalten und konfus. Solche Zustände der Inkongruenz können durch Klärungsprozesse abgebaut werden, in der personzentrierten Beratung etwa durch bedingungsfrei wertschätzende und empathische Gesprächspartner (Rogers, 1957). Diese Theorie und

McClelland's Spezifikation auf unabhängige Motivsysteme hin geben wichtige Hinweise auf die Arbeit mit Jugendgruppen.

Jugendliche benötigen Klärungsprozesse für ihre persönlichen Motive noch vor ihrer Berufsentscheidung. Sie können angeregt werden, organismische Erfahrungen / implizite Ziele mit ihren gelernten / expliziten Zielsetzungen in Einklang zu bringen. So könnte die Hypothese vertreten werden, dass dadurch nachhaltige Motivationen und Handlungskompetenzen gefördert werden.

2.3.4 Kompetenzbereich Selbstwirksamkeitserwartung

Selbstwirksamkeitserwartung bezieht sich auf die Überzeugung, dass eine Person sich selbst für fähig hält, neue und schwierige Anforderungen zu bewältigen und ihre Ziele zu erreichen (Bandura, 1997). Es liegt im Bereich der eigenen Fähigkeiten, Handlungen, die zum gewünschten Ziel führen, wirksam organisieren und ausführen zu können. Empirische Studien von Schwarzer und Jerusalem (2002) belegen, dass Selbstwirksamkeitserwartung eine motivationale Grundbedingung dafür darstellt, Anforderungen mit innovativen und kreativen Ideen aufzunehmen und mit Ausdauer durchzusetzen.

Allerdings geht es dabei nicht um ein allgemeines Gefühl der Kontrolle, sondern Selbstwirksamkeitserwartung richtet sich stets auf spezifische Verhaltensweisen. So kann beispielsweise die Zuversicht eines Schülers in einem Bereich (z. B. Singen) sehr hoch sein, in einem anderen Bereich (z. B. Aufsätze schreiben) sehr niedrig sein. Nach Bandura (1997) können die Erwartungen von Selbstwirksamkeit durch vier Erfahrungsbereiche beeinflusst werden: Kompetenzerleben, physiologische und emotionale Aktivierung, stellvertretende Erfahrungen und soziale Überredung. Durch eine hohe Selbstwirksamkeitserwartung wird die Erreichung von Zielen auf zwei Wegen unterstützt (Aronson, Wilson & Akert, 2004): Zum einen beeinflusst sie das Durchhaltevermögen, zum anderen kann sie körperliche Reaktionen beeinflussen (z. B. durch reduziertes Angstgefühl).

Geringe Selbstwirksamkeitserwartung kann sich dagegen nicht nur auf die Handlungskompetenz sondern auch auf das Selbstwertgefühl negativ auswirken (Woolfolk, 2008). Wenn eine Fähigkeit für bestimmte Situationen besonders relevant ist (z. B. Zehnfingerschreiben), die betroffene Person diese Fähigkeit jedoch nicht in erforderlichem Maße besitzt, dann werden ihre negativen Erfahrungen auch ihr Selbstwertgefühl beeinträchtigen. Anderseits wird eine Person Situationen aus dem Weg gehen, wenn sie das Gefühl hat, ihnen nicht gewachsen zu sein. Selbst dann, wenn sie die Fähigkeiten dazu besäße und es ihr Wunsch wäre, das Hindernis zu bewältigen, wird sie es nicht versuchen und kann deshalb keine Erfolge erleben. Die Überzeugung, etwas tatsächlich bewerkstelligen zu können, ist eine wichtige Determinante dafür, ob die Person erfolgreich ist oder nicht, sowie eine bedeutende Voraussetzung für den Erwerb von Schlüsselqualifikationen wie Selbsmotivation oder soziale Kompetenzen. Selbstwirksamkeitserwartungen werden durch Lernprozesse beeinflusst (Bandura, 1997). Hierzu sind direkte Erfahrungen durch erlebte Erfolge und Misserfolge, aber auch stellvertretende Erfahrungen im Sinne eines Modellernens von Bedeutung. Eine gezielte Förderung der Selbstwirksamkeit erfordert jedoch mehr Freiräume und mehr Selbstbestimmtheit, als die Mehrzahl der Schulen bieten.

Auf Grund dieser Erkenntnisse wird im Rahmen des vorliegenden Trainings versucht, die Erfolgszuversicht der Jugendlichen sowohl durch Fertigkeitsförderung (z. B. durch Vermittlung von Handlungsstrategien) als auch durch direkte und indirekte Erfolgserfahrungen zu stärken.

2.4 Der Aufbau des Trainings

Zentrale Aspekte des Trainingskonzeptes sind der dreistufige Trainingsaufbau und die verschiedenen, gezielt gewählten Aufgabenformen, die sowohl die Wirksamkeit als auch die Anwendbarkeit des Trainings erleichtern sollen. Handlungsleitendes Prinzip bei der Programmentwicklung war die Orientierung an den persönlichen Ressourcen und Erfahrungen der Jugendlichen. Wesentlich bei dieser Vorgehensweise ist die Gewährleistung geschützter und aktivierender Rahmenbedingungen sowie jugendgerechte Inhalte, die direkte Zusammenhänge zu Alltagssituationen aus dem Erfahrungsfeld der Jugendlichen aufweisen und motivationsförderlich sind. Die Übungen knüpfen deshalb an alltäglichen Erlebensprozessen der Jugendlichen an. Zudem wird die Thematik sowohl kognitiv, als auch selbsterfahrungsbezogen durch Bearbeitung konkreter Aufgaben trainiert. Dabei werden die einzelnen Kompetenzbereiche zuerst aufgrund eines typischen Beispiels, anschließend im Zusammenhang der individuellen Ressourcen erarbeitet. Die Aufgabenstellungen sind für Jugendliche oft außergewöhnlich, bieten jedoch zahlreiche Möglichkeiten zu selbstwertförderlichen Erfahrungen und zur Steigerung der Selbstwirksamkeitserwartung (vgl. Kapitel 2.3).

2.4.1 Trainer-Training

Diese Stufe dient als Vorbereitung auf das *Training der Jugendlichen* und greift die von Satow (2002) formulierte Voraussetzung zur bestmöglichen Unterstützung auf, die ein Lehrer bieten kann: Kompetenz und Offenheit. Hierbei werden die Trainer anhand von kurzen Essays über die Hintergründe der einzelnen Stationen des *Trainings der Jugendlichen* informiert. Außerdem soll eine kurze Aufgabenreihe insbesondere im Hinblick auf die Begleitung der Jugendlichen Sensibilität und Gewandtheit vermitteln. Informationen und Erfahrungen, die dabei erworben werden, sollen eine Erweiterung ihrer eigenen Selbst- und Handlungskompetenzen sowie einen effektiveren Umgang mit dem *Training der Jugendlichen* ermöglichen.

2.4.2 Training der Jugendlichen

In dieser Stufe findet das eigentliche Training mit den Jugendlichen, d. h. die explizite Informationsvermittlung und Kompetenzförderung statt. Zentrales Anliegen ist hierbei den Jugendlichen geschützte Rahmenbedingungen zu bieten, um über ihre Stärken und Schwächen reflektieren, neue offene Erfahrungen über sich selbst sammeln und dadurch ihre individuellen Ressourcen herausarbeiten zu können. Inhaltlich orientiert sich diese Stufe an jugendrelevanten Themen, die für die Reorganisation des Selbstkonzeptes (Greve, 2000; Rogers, 1959) und für die Entwicklung der Identität (vgl. u. a. Berk, 2005; Oerter & Montada, 2002) und somit für die Berufswahlkompetenz sowie für die berufliche Handlungskompetenz von wesentlicher Bedeutung sind.

Die Übungen des *Trainings der Jugendlichen* sind nach thematischen Schwerpunkten in sechs Stationen eingeteilt: *Einführung, Sensibilisierung, Selbstbegegnung, Zukunftspläne, Realisierung* und *Ressourcen.* Da die Übungen sowohl thematisch als auch hinsichtlich der operationalisierten Kompetenzbereiche aufeinander aufbauend konzipiert wurden, ist die Einhaltung der vorgegebenen Reihenfolge von zentraler Bedeutung für die Wirksamkeit des Trainings. Zudem sind im Abschnitt 7, *„Optional"*, ergänzende und vertiefende Aufgaben (z. B. zu Gesprächsregeln) zusammengefasst, die je nach Bedürfnissen und Möglichkeiten der Trainingsgruppe einbezogen werden können. Um Selbstständigkeit, Teamfähigkeit sowie strategische Kompetenz zu fördern, sind die Aufgabenstellungen abwechselnd für die individuelle Bearbeitung bzw. für die Bearbeitung in der Gruppe vorgesehen.

2.4.3 Selbsttraining der Jugendlichen

Die dritte Stufe zielt darauf ab, die erworbenen Kenntnisse und Kompetenzen über die „Lernen durch Lehren"-Methode zu stabilisieren und ihre Effizienz zu verbessern (Graef & Preller, 1994; Martin, 2002). Wie der Titel dieser Stufe auch beschreibt, wird bei dem „Selbsttraining der Jugendlichen" die Funktion des Trainers an die Jugendlichen abgegeben. Dies ist eine besondere Herausforderung für die Jugendlichen, aber auch für den Trainer. Damit diese Staffel ihre Funktion erfüllen kann, ist es besonders wichtig, dass der Trainer sich auf diese Stufe – wie vorgesehen – bereits in dem „Trainer-Training" vorbereitet. Darüber hinaus werden bei der Stations- und Übungsbeschreibung die Zielsetzungen, Rahmenbedingungen und Verhaltensregeln für Trainer vorgegeben.

Wesentlichen Aspekt dieser Trainingsstufe bilden die vielen „Freiräume", die neben der Entfaltung der Kreativität auch die Team- und Planungsfähigkeit der Jugendlichen fördern. Darüber hinaus werden der Perspektivenwechsel sowie intensive Autonomieerfahrungen ermöglicht. Im Gegensatz zum lehrerzentrierten Unterricht, der eine rezeptive linear aufbauende Vermittlung von Lerninhalten beinhaltet, wird beim „Lernen durch Lehren" die Konstruktion von Wissen durch die Lernenden angestrebt. Hierfür müssen folgende Ansätze gelten: Die Schüler müssen die Inhalte kognitiv durchdringen, miteinander besprechen, um den anderen den Stoff zu vermitteln sowie bestimmte Begriffe und Sprachstrukturen anwenden (Schelhaas, 2003). Zur Erleichterung der Implementierbarkeit des Trainingsprogramms im Schulalltag und damit die Durchführung keinen wesentlichen Mehraufwand darstellt, wurden die Bildungspläne der Länder bei der Entwicklung der Aufgaben herangezogen. Somit sind alle Übungen mit Inhalten/Zielformulierungen der Bildungspläne in Verbindung gesetzt und können in reguläre Unterrichtsstunden integriert werden. Die relevanten Bildungsplanbezüge sind im Anhang des Manuals (vgl. S. 169) angegeben.

2.5 Wirksamkeit des Trainingsprogramms

Die Entwicklung des Trainingsprogramms erfolgte in mehreren Schritten, wobei die zweite Trainingsstufe *(Training der Jugendlichen)*, die den Hauptteil des Programms darstellt, als erstes konzipiert wurde (Monigl, Amerein & Behr, 2009). Während dieser Entwicklungsarbeiten wurde das SMS-Training in mehreren im schulischen Kontext durchgeführten empirischen Studien auf seine Implementierbarkeit und Effektivität hin erprobt. Im Folgenden werden qualitative und quantitative Ergebnisse zweier Vorstudien sowie erste Ergebnisse der Hauptstudie zur Evaluation vorgestellt. Da die Analysen der in der Hauptstudie erhobenen quantitativen Daten zum Zeitpunkt der Veröffentlichung des vorliegenden Manuals noch nicht abgeschlossen sind, werden diese Befunde in anschließenden Publikationsarbeiten ausführlich dargestellt.

2.5.1 Vorstudien

Zunächst wurden Übungen zu den einzelnen Kompetenzbereichen der Trainingsstufe II des SMS-Trainingsprogramms entwickelt und in kleineren Studien unter Leitung von Michael Behr und Eszter Monigl (Amerein, 2005; Kiefer, 2005; Kotschenreuther, 2005; Zimmermann, 2005) auf ihre praktische Anwendbarkeit hin erprobt. Anschließend wurden zwei weitere Vorstudien durchgeführt, die eine alle Kompetenzbereiche umfassende Version der Trainingsstufe II mit Vorher-Nachher-Messungen und einer qualitativen Nachbefragung auf seine Wirksamkeit hin überprüften.

Vorstudie 1

In der quasiexperimentellen, methodisch vollständigen, im Kontrollgruppendesign mit drei Messzeitpunkten durchgeführten Vorstudie (Monigl, Amerein & Behr, 2006, 2009) wurde in erster Linie die Anwendbarkeit und Akzeptanz einer früheren Version der Übungen überprüft. Die Untersuchung wurde bei zwei 8. Klassen ($N = 42$, Alter: $M = 14.5$, $SD = 0.67$) einer Hauptschule durchgeführt. Das Training fand jeweils an sechs aufeinander folgenden Schultagen statt, jede Einheit dauerte 90 Minuten.

Die qualitativen, bei Trainern und Jugendlichen mittels einer *offenen Fragestellung* – hinsichtlich Gedanken, Meinungen und Anregungen zum Training – erhobenen Daten spezifizierten ausgesprochen relevante Entwicklungsprozesse mit Evidenz für die Wirksamkeit des Programms. So wurden zum Beispiel Bedenken von Lehrern widerlegt, ob die Jugendlichen die Aufgaben, vor allem bei den kreativen Teilen, wirklich ernst nehmen würden und ob sie bei den Rollenspielen und Gruppenarbeitsphasen zuverlässig mitarbeiten. Vielmehr haben die Klassen die abwechslungsreichen Aufgabenformen und die inhaltliche Vielseitigkeit der Übungen sehr geschätzt. Die Ergebnisse des Fragebogens zur *Erfahrung der Jugendlichen mit dem Trainingsprogramm* ergaben: Für 76 % der Jugendlichen waren die Aufgaben interessant, 84 % gaben an, ihre Stärken und Schwächen nun besser zu kennen und 46 % bewerteten das Training als persönlich wichtig. 75 % mussten nach den Trainingseinheiten öfter nachdenken und 89 % von ihnen glauben, dass sie nun schwierige Aufgaben besser bewältigen können. 92 % der Jugendlichen glauben ihre Stärken jetzt besser darstellen zu können und 42 % der Teilnehmer würden das Programm ihrem besten Freund oder der besten Freundin weiterempfehlen. In Anbetracht der häufig charakteristisch-kritischen Sichtweise der Jugendlichen ist dieses Ergebnis als sehr positiv zu bewerten.

Vorstudie 2

Die zweite Vorstudie wurde in einem Gymnasium in Wien in einem Ein-Gruppen-Prä-Post-Design durchgeführt (Monigl & Behr, 2007). Die Stichprobe bestand aus 72 Gymnasialschülern (Alter: $M = 14.06$, $SD = 1.02$). 58 % der Jugendlichen waren Mädchen und 67 % wiesen einen Migrationshintergrund auf.

Durchgeführt wurde ebenfalls eine frühere Version der Trainingsstufe II, welche jedoch der vorliegenden Version in Umfang und Qualität bereits nahekam. Bei zwei von vier im Vorher-Nachher-Vergleich erhobenen Variablen kam es zu einseitig-signifikanten Verbesserungen: *Berufswahlengagement* und *Sicherheit bei Berufswahlentscheidung*. Da die Stichprobe durch einen hohen Anteil an Schülern mit Migrationshintergrund gekennzeichnet war, prüften wir dessen moderierenden Einfluss. In der Tat zeigte sich bei der zweifaktoriellen Varianzanalyse hoch-signifikant, dass insbesondere Schüler mit Migrationshintergrund im Hinblick auf ihr Berufswahlengagement mehr vom Training profitieren.

Die Auswertung des Fragebogens *Erfahrung der Jugendlichen mit dem Trainingsprogramm* aus der Wiener Studie zeigte folgende Ergebnisse: 39 % stimmten der Aussage „die Aufgaben waren für mich interessant“ zu. 43 % kennen nach dem Training ihre Stärken und Schwächen besser. 23 % mussten nach den Aufgaben öfter nachdenken. Schwierige Aufgaben können nun 39 % der Jugendlichen besser angehen. Immerhin 36 % würden das Training ihrem besten Freund empfehlen und 46 % können ihre Stärken nach der Trainingsdurchführung besser darstellen. Die im Vergleich zur ersten Vorstudie niedrigeren Werte könnten darauf zurückzuführen sein, dass das Training nicht für 14-jährige Gymnasiasten konzipiert ist, die ja in der Regel noch nicht vor einer Berufswahlentscheidung stehen.

2.5.2 Hauptstudie zur Evaluation des SMS-Trainings

Um die Wirksamkeit des gesamten Trainingsprogramms mit allen drei Trainingsstufen zu überprüfen, wurde das Training von März bis Oktober 2008 – ebenfalls im Rahmen einer quasiexperimentellen Untersuchung – im Kontrollgruppendesign durchgeführt. Die Wirksamkeitsstudie verfolgte die beiden folgenden Fragestellungen:

1. Welche Kompetenzveränderungen bewirkt das SMS-Training bei Jugendlichen?
2. Welche Erfahrungen und Eindrücke verbinden Jugendliche und Trainer mit dem Trainingsprogramm?

Vorgehen

Im Rahmen der Vorbereitung der Evaluationsstudie wurden in Baden-Württemberg und Bayern zahlreiche Haupt- und Realschulen kontaktiert und detailliert über die Durchführung des SMS-Trainings informiert. Grundsätzlich bestand bei sehr vielen Schulen großes Interesse an dem Trainingsprogramm, doch die vorgegebenen strengen zeitlichen und strukturellen Anforderungen des Studiendesign (vgl. Abb. 1) machten es einigen Schulen nicht möglich daran teilzunehmen. Die für das Training sowie die Datenerhebungen festgelegten Zeitrahmen kollidierten oft mit anderen bereits langfristig geplanten Berufsorientierungs- oder Praktikamaßnahmen der Schulen.

Die Durchführung des Trainingsprogramms und die Datenerhebungen in allen Klassen erfolgten nach einheitlichen Vorgaben und unter standardisierten Bedingungen. Für diesen Zweck wurden im Rahmen einer dreistündigen Fortbildungsveranstaltung mit theoretischen und praktischen Inhalten die Trainer von der Erst- und Zweitautorin auf die Studienteilnahme vorbereitet. Zudem erhielten alle Trainingsleiter einen standardisierten und verbindlichen Trainingsplan, der unter anderem zur Einhaltung der Rahmenbedingungen, der Aufgabenreihenfolge und der Zeitvorgaben sowie zu der wortgenauen Verwendung der im Trainingsmanual vorgegebenen Instruktionen aufforderte. Darüber hinaus wurde für jeden Trainer ein individueller Studienleitfaden erstellt, welcher den ge-

<table>
<tr><td>Treatment 1</td><td rowspan="2">Daten-erhebung t1</td><td>Training im Zeitrahmen von 6 Wochen</td><td rowspan="2">Daten-erhebung t2</td><td>6 Wochen normaler Unterricht</td><td rowspan="2">Daten-erhebung t3</td><td rowspan="3">Daten-erhebung t4</td></tr>
<tr><td>Treatment 2</td><td>6 Wochen normaler Unterricht</td><td>Training im Zeitrahmen von 6 Wochen</td></tr>
<tr><td>Vergleichs-gruppe</td><td colspan="5">Durchgehend normaler Unterricht</td></tr>
</table>

Abbildung 1: Studiendesign der Hauptstudie

nauen zeitlichen Ablauf der Studie hinsichtlich der Reihenfolge und der Zeiträume für die Datenerhebungen und die Trainingsdurchführung vorschrieb. Während der gesamten Studiendauer wurden die Trainer durch die Autorinnen persönlich betreut.

Die Trainer wurden gebeten, im zeitlichen Zusammenhang zu den Trainingseinheiten ein Trainingstagebuch zu führen, in welchem sie frei ihre Eindrücke und Empfehlungen für die weitere Trainingsentwicklung niederschreiben konnten. Den Schülern wurde wie bei der Vorstudie 1 jeweils nach der Trainingsdurchführung eine offene Frage gestellt, zu der sie innerhalb von 10 Minuten ihre Erfahrungen notieren konnten. Dem Studiendesign entsprechend beantwortete Treatmentgruppe 1 diese Frage zu Messzeitpunkt t2 und Treatmentgruppe 2 – ebenfalls nach der Trainingsdurchführung – zu Messzeitpunkt t3. Zur Kompetenzmessung wurden bei beiden Treatment-Gruppen eine Fragebogenbatterie zu allen 4 Messzeitpunkten eingesetzt. Die Teilnehmer der Vergleichsgruppe erhielten die Fragebogenbatterie nur zu Messzeitpunkt t4.

Stichprobe

Insgesamt nahmen 491 Schüler an der Hauptstudie teil. Das Programm wurde an vier Hauptschulen und vier Realschulen in Baden-Württemberg und Bayern mit 14 Klassen (acht Treatmentgruppen 1, sechs Treatmentgruppen 2 und sechs Vergleichsgruppen) mit je einem Trainer durchgeführt. Treatmentgruppe 1 führte das Training zwischen der Datenerhebung t1 und t2 durch, Treatmentgruppe 2 führte dasselbe Training zwischen Datenerhebung t2 und t3 durch. Diese Treatment-Stichprobe bestand aus insgesamt 357 Jugendlichen (Alter $M = 14.07$, $SD = 0.82$), die soziodemografischen Parameter der Treatmentgruppe 1 und 2 sowie der Vergleichsgruppe sind in Tabelle 1 dargestellt. Der Anteil von Schüler mit einer anderen als der deutschen Muttersprache betrug jeweils gut ein Fünftel.

Instrumente

Qualitatives Vorgehen. Im Anschluss an die Trainingsdurchführung wurden die Jugendlichen zu offenen Äußerungen hinsichtlich ihrer Trainingseindrücke animiert: „Schreibe bitte deine positive und negative Kritik des Trainings auf, also Meinungen, Gedanken oder auch Anregungen. Du hast 10 Minuten Zeit".

Für die Trainer wurde zur begleitenden Dokumentation der Trainingsdurchführung ein Trainingstagebuch entwickelt. Sie waren dadurch aufgefordert ihre Eindrücke, Einschätzungen sowie positive, negative und weiterführende Rückmeldungen nach jeder Trainingseinheit zu notieren.

Quantitatives Vorgehen. Eine Fragebogenbatterie zu den Themen Selbstwert, Berufswahl, Selbstdarstellung, Handlungsorientierung, Selbstwirksamkeit und Motivation enthielt vor allem standardisierte Testverfahren sowie zwei selbst entwickelte Skalen.

Ergebnisse

Qualitatives Vorgehen. Die frei formulierten positiven und negativen Rückmeldungen und Erfahrungsäußerungen der Jugendlichen wurden nach der Methode der qualitativen Inhaltsanalyse nach Mayring (2002) ausgewertet. Dazu wurde bei der Exploration des Textmaterials nach ähnlichen

Tabelle 1: Stichprobenstruktur der Hauptstudie nach Alter, Geschlecht und Schulform

	Treatmentgruppe 1 $N = 207$	**Treatmentgruppe 2 $N = 147$**	**Vergleichsgruppe $N = 137$**
Alter	$M = 14.15$ ($SD = 0.85$)	$M = 13.95$ ($SD = 0.73$)	$M = 15,57$ ($SD = 0.69$)
Geschlecht			
Mädchen	$N = 101$ (49 %)	$N = 71$ (48 %)	$N = 70$ (51 %)
Jungen	$N = 106$ (51 %)	$N = 76$ (58 %)	$N = 67$ (49 %)
Schulform			
Hauptschüler	$N = 37$ (18 %)	$N = 64$ (43 %)	$N = 52$ (38 %)
Realschüler	$N = 170$ (82 %)	$N = 84$ (57 %)	$N = 85$ (62 %)

Schlüsselwörtern, Begriffen oder Begriffskombinationen gesucht. Anschließend konnten sechs inhaltliche Kategorien identifiziert werden. Im Folgenden werden diese verdichtet beschrieben und jeweils mit einem beispielhaften Schülerzitat verdeutlicht:

- Besonders häufig wurde bei den Rückmeldungen das Kennenlernen der eigenen Stärken und Schwächen betont und durchweg positiv bewertet: „Ich fand es interessant, weil man so mal über sich selbst nachgedacht hat und nun seine eigenen Stärken und Schwächen kennt".
- Außerdem empfanden die Schüler das Training als hilfreich: „Es ist hilfreich für den späteren Lebensweg und bietet Unterstützung, über die eigene Zukunft nachzudenken" – in dieser Art kommentierten mehrere Jugendliche ihre individuelle Einschätzung.
- Als dritte Kategorie kristallisierte sich die methodische Vorgehensweise des Trainings heraus. Insbesondere Elemente des Verhaltenstrainings und Rollenspiele wurden positiv gesehen: „Ich fand es gut und man sollte noch mehr Rollenspiele machen".
- Der direkte Bezug zur Bewerbungssituation wird in Kategorie vier als sehr hilfreich angesprochen: „Ich fand es interessant, da man sehen konnte, was z. B. bei einem Bewerbungsgespräch alles falsch gemacht werden kann", lautete eine Schüleräußerung.
- In der fünften Kategorie wurden die Anforderungen an verschiedene Berufe zusammengefasst. Der Einblick in unterschiedliche Berufe wurde gewürdigt: „Man hat viel über verschiedene Berufe gelernt, diese neuen Dinge werden mir später hilfreich sein".
- Ebenfalls eine eigene Kategorie bildeten die Vorstellungen über den eigenen Wunschberuf, die bei den Jugendlichen stabilisiert, aber teilweise auch erst gewonnen wurden: „Dank des Trainings habe ich einen guten Beruf für die Zukunft gefunden".

Die Auswertung der Trainer-Tagebücher entsprach den Rückmeldungen der Jugendlichen über ihre Trainingseindrücke. Hier konnte ein vierstufiges Kategoriensystem identifiziert werden, welches hinsichtlich der ersten Kategorie teilweise mit den individuellen Rückmeldungen der Jugendlichen korrespondiert:

- So erwähnten auch die Trainer die individuelle Reflexion über eigene Stärken und Schwächen: „Die Schüler bekamen vielfältige Möglichkeiten über ihre Stärken und Schwächen nachzudenken. Das bewusste Nachdenken ist für die Hauptschüler sehr hilfreich, da sie sich oft als Versager fühlen."
- Der Bezug zu bereits bekannten Themen wird in der zweiten Kategorie positiv hervorgehoben: „Besonders hohe Redeanteile zeigten die Schüler bei Aufgaben, die Sachverhalte aus ‚Beruf aktuell' aufgriffen bzw. fortführten."
- Als dritte Kategorie kristallisierte sich das Selbsttraining der Jugendlichen heraus. „Grundsätzlich ist dies eine tolle Einheit, die auch das Zusammengehörigkeitsgefühl der Schüler stärkt. Der Lehrer musste meist nur hinsichtlich Verständnisfragen eingreifen", meldete eine Kollegin zurück.
- Einen eher kritischen Hintergrund, der nochmals zur sprachlichen Nachbesserung anregte, zeigt Kategorie vier hinsichtlich teilweise schwieriger Begrifflichkeiten auf, denn „Teilweise hatte die Klasse Schwierigkeiten Formulierungen zu verstehen, wobei ich denke, dass dies hauptschulspezifisch ist".

Die individuellen offenen Rückmeldungen der Jugendlichen und die Tagesprotokolle der Trainer bestätigen, dass das Training in der Schule ohne besondere Aufwendungen durchführbar ist und von den Jugendlichen insgesamt positiv aufgenommen wurde.

Quantitatives Vorgehen. Die Auswertungen zum quantitativen Vorgehen sind zum Zeitpunkt der Drucklegung dieses Manuals noch nicht abgeschlossen. Sie werden im Rahmen von Dissertationen und fachwissenschaftlichen Buch- bzw. Zeitschriftenbeiträgen ausführlich veröffentlicht. An dieser Stelle können zusammenfassend erste tendenzielle Ergebnisse berichtet werden.

Weitere Evidenz für die Wirksamkeit des Trainings liefert der Vergleich der beiden Treatment-Gruppen mit einer Vergleichsgruppe mit ähnlichen sozio-demografischen Merkmalen, die das Training nicht durchführte. Bei der Mehrzahl der erhobenen Variablen weisen die beiden Treatment-Gruppen beim Follow-up-Messzeitpunkt t4 im t-Test signifikant bessere Werte als die Vergleichsgruppe auf.

Ergebnisse der 2x3-faktoriellen Varianzanalysen mit Messwiederholung unterstützen für eine Reihe der erfassten Variablen signifikante Trainingseffekte. Die jugendlichen Trainingsteilnehmer sehen sich nach dem Training selbst kritischer, können besser mit Kritik an ihnen umgehen, erleben mehr Sicherheit bei der Berufswahl, zeigen mehr Berufswahlengagement und sehen insgesamt ihre Erwartungen an und Einflussmöglichkeiten auf ihren Berufsweg realistischer. Auch erleben sie sich insgesamt als durchsetzungsstärker. Aufgrund der bisherigen Analysen lassen sich keine Trainingseffekte für den Grad ihrer initiativen Verhaltensweisen, ihrer leistungsbezogenen Selbstwertschätzung und ihrer allgemeine Entscheidungsbereitschaft nachweisen.

Beispielhaft zeigt Abbildung 2 den Anstieg der Sicherheit bei der Berufswahlentscheidung, der hier recht gut der Wirkungshypothese des Trainings entspricht. Während die Treatment-Gruppe 1 zwischen den Messzeitpunkten t1 und t2 an dem Programm teilnahm, stiegen ihre Werte signifikant. Die Treatment-Gruppe 2 nahm zwischen den Messzeitpunkten t2 und t3 am Training teil. Auch hier stellt sich, gerade auch im Kontrast zu den anderen Zeitintervallen, eine signifikante Verbesserung ein. Das leichte Absinken der Werte der Treatment-Gruppe 1 nach Ende des Trainings deutet darauf hin, dass trainingseffekterhaltende Maßnahmen nach dem Training möglicherweise sinnvoll sind. Für das Sinken der Werte der Treatment-Gruppe 2 zwischen den Messzeitpunkten t1 und t2 könnten zum Beispiel Messwiederholungseffekte verantwortlich sein, solche Effekte sind allerdings grundsätzlich schwer zu interpretieren und treten zuweilen auf, ohne dass die Forscher dafür plausible Erklärung anbieten können.

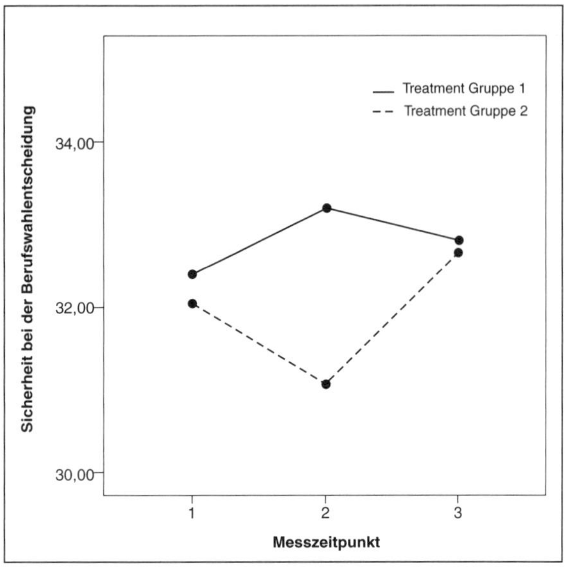

Abbildung 2: Anstieg der Sicherheit bei der Berufswahlentscheidung bei Jugendlichen jeweils zwischen den Messzeitpunkten mit der Programmdurchführung.

Darüber hinaus wurde auch bei der Hauptstudie ein Fragebogen zur *Erfahrung der Jugendlichen mit dem Trainingsprogramm* mit neun Items und mit einer vierstufigen Antwortskala (von „stimmt nicht" bis „stimmt genau") zur abschließenden standardisierten Bewertung des Trainings dargeboten. Zur Auswertung der Erfahrungen der Jugendlichen zum Trainingsprogramm wurden die vier Antwortvorgaben zu je zwei Kategorien zu-

Tabelle 2: Prozentuale Ergebnisse des Fragebogens „Erfahrung der Jugendlichen mit dem Trainingsprogramm" der Treatmentgruppen 1 sowie der Treatmentgruppe 2.

Aussage	**Zustimmung Treatmentgruppe 1** **N = 180**	**Zustimmung Treatmentgruppe 2** **N = 113**
Ich kenne jetzt meine Stärken und Schwächen.	79 %	73 %
Mir ist klar was ich will und was ich nicht will.	83 %	84 %
Mir ist oft unklar wie ich über mich denken soll.	40 %	55 %
Ich kann genau beschreiben, wie ich bin.	69 %	64 %
Ich weiß genau, was ich kann und was ich nicht kann.	78 %	73 %
Ich habe bei dem Training viel über mich erfahren.	62 %	59 %
Die Aufgaben waren für mich interessant.	45 %	57 %
Das Training war für mich persönlich hilfreich.	47 %	58 %
Ich würde das Training meinem besten Freund bzw. meiner besten Freundin empfehlen.	46 %	57 %

sammengefasst und die prozentuale Zustimmung berechnet (vgl. Tab. 2).

2.6 Anwendung des SMS-Trainings

Die Implementierbarkeit des SMS-Trainingsprogramms ist belegt für die Durchführung in einem Zeitraum von 5 bis zu 8 Wochen. Dies kann in Schulen sehr gut durchgeführt werden wenn wöchentlich mindestens 1 bis 2 Doppelstunden trainiert wird. Im Hinblick auf die thematische Vielfalt und Arbeitsintensität der Übungen halten wir es allerdings nicht für sinnvoll das Trainingprogramm während des Schulalltags innerhalb von nur 2 Wochen durchzuführen. Bei dieser Vorgehensweise würden zwischen den einzelnen Übungseinheiten nicht ausreichend „Pausen" für die Aufnahme und Auseinandersetzung der umfassenden neue Informationen, sowie für die Aufarbeitung der Erfahrungen zur Verfügung stehen. Bei einer block- oder projektorientierten Anwendung ist eine 3 Wochen überschreitende Zeitspanne realistisch.

Die Durchführung des Trainings muss nicht zwangsläufig von nur einem Trainer bewerkstelligt werden, es können z. B. mehrere Lehrkräfte oder auch Schulpsychologen, Sozialpädagogen, Schulsozialarbeiter oder Erzieher ein Team bilden, welche die Fächer hinsichtlich der Bildungsplanbezüge (vgl. Anhang, S. 169) vertreten bzw. den Schulalltag aktiv mitgestalten. Da die Bildungspläne der Länder den Erwerb von Kompetenzen vorschreiben, die auch im Training vermittelt werden, können durch Trainingseinheiten sämtliche Inhalte der Fächer wie Deutsch, Kunst, Religion, Ethik, Gemeinschaftskunde, Unterricht zur Berufsbildung und -orientierung abgedeckt werden. Aufgrund der Empfehlung für die Aufteilung der Trainingseinheiten bleibt noch genügend Zeit für die übrigen Fächer. Somit müssten weder Unterrichtsstunden noch Unterrichtsinhalte entfallen.

Der Charakter als Trainingsprogramm wurde aus pädagogisch-psychologischer Perspektive für Lehrerkräfte, Schulpsychologen und Pädagogen konzipiert – durch die Manualisierung und kleinschrittige Beschreibung ist es aber auch für Gruppenleiter mit nicht schulischem Schwerpunkt, wie beispielsweise Sozialpädagogen, Erzieher, Jugend- und Sozialarbeiter oder Ausbildungsleiter sehr gut verwendbar. Obwohl das Programm für die Klassen 7 bis 10 der Haupt- und Realschulen entwickelt wurde, können durch die exakten Vorgaben der Vorgehensweise auch Trainer, die mit diesen Altersgruppen weniger Erfahrung haben und denen die verwendeten Methoden nicht vertraut sind, das Programm ebenfalls problemlos durchführen.

Als Anwendungsfelder sehen wir neben Schulen mit und ohne Ganztagesbetreuung genauso die Heimerziehung, jegliche sozialpädagogische Einrichtungen, die Kinder- Jugend- und Familienhilfe oder Bereiche der Freizeitpädagogik. Daneben sehen wir sehr gute Möglichkeiten das SMS-Training oder – falls mit einigen Aufgabenbereichen bereits Erfahrungen vorliegen – auch einzelne Teile davon zur spezifischen Entwicklungsförderung zum Beispiel im Berufsvorbereitungsjahr einzusetzen.

2.6.1 Hinweise zur Durchführung und Organisation

Liebe Kollegin, lieber Kollege,

1 Da die einzelnen Trainingseinheiten aufeinander aufbauen, ist es für die Durchführung und Effektivität des Trainings *sehr wichtig*, dass die vorgegebene Reihenfolge der Übungen eingehalten wird. Sollten einzelne Aufgabenbereiche den Jugendlichen bereits bekannt sein, dann soll auf diese an der im Training hierzu vorgesehenen Stelle hingewiesen werden oder sie können verkürzt bearbeitet werden. Unbedingt zu beachten wäre hierbei, dass ein expliziter Hinweis auf bereits Bekanntes erfolgen muss und die Zusammenhänge für alle deutlich nachvollziehbar herausgearbeitet werden.

2 Um die erwünschten positiven Fähigkeits- und Kompetenzerfahrungen und die Herausarbeitung von Ressourcen der Jugendlichen zu ermöglichen können ist es *sehr wichtig*, dass der Trainer – sowie auch die anderen Trainingsteilnehmer – erfahrungsbezogene Aussagen nicht bewerten. Dies könnte vor allem für Lehrkräfte eine Herausforderung sein, die ja in ihrem Beruf grundsätzlich zu häufigen Bewertungen und zur Vermittlung von Normen und Werten angehalten sind.

3 Es wäre sehr hilfreich, wenn Sie sich mit den Übungen des Programms vorab gut vertraut machen, das Trainer-Training absolvieren und wenn es Ihnen Ihre Arbeitsbedingungen erlauben, die Trainingsvorgaben der jeweiligen Übungen einzuhalten.

4 Ihre Trainerfunktion umfasst durchgängig die Prinzipien einerseits die Vorgaben der Trainingseinheiten durch die Jugendlichen umsetzen zu lassen und andererseits die Eigendynamik der Gruppenprozesse zu beachten, zu berücksichtigen und entfalten zu lassen.

5 Bisher erworbene grundlegende pädagogische Erfahrungen im Umgang mit Jugendlichen können Sie in den Prozess einbringen: dies wären z. B. ein positives Gruppenklima schaffen und erhalten, Gruppenregeln einhalten, Mediation bei Konflikten, oder die Jugendlichen zu gemeinsamen Aktivitäten bewegen.

2.6.2 *Übersicht der zeitlichen Abfolge der drei Trainingsstufen*

Tabelle 3 stellt im Detail den zeitlichen Ablauf der drei Trainingsstufen (Trainer-Training, Training der Jugendlichen, Selbsttraining der Jugendlichen) dar.

Tabelle 3: Zeitlicher Ablauf der drei Trainingsstufen

<table>
<tr><th colspan="3">I. Trainingsstufe: Trainer-Training</th></tr>
<tr><td colspan="2">Vorbereitung
Das Prinzip des Trainer-Trainings
Fünf mögliche Auswertungsmethoden zu den Trainer-Training-Essays</td><td>10 Min.</td></tr>
<tr><td colspan="2">Essay 1: Gesprächs- und Feedbackregeln
Übung 1: Let´s talk!</td><td>5 Min.
15 Min.</td></tr>
<tr><td colspan="2">Essay 2: Erfolg und Misserfolg
Übung 2: Check-in</td><td>5 Min.
20 Min.</td></tr>
<tr><td colspan="2">Essay 3: Selbstbegegnung
Übung 3: Kompetent und beeindruckend</td><td>5 Min.
20 Min.</td></tr>
<tr><td colspan="2">Essay 4: Zukunftspläne
Übung 4: In meiner Jugend – und heute!</td><td>5 Min.
20 Min.</td></tr>
<tr><td colspan="2">Essay 5a: Realisierung
Übung 5a: Stellenbörse</td><td>5 Min.
30 Min.</td></tr>
<tr><td colspan="2">Essay 5b: Selbstständigkeit
Übung 5b: Unsere Firma</td><td>5 Min.
20 Min.</td></tr>
<tr><td colspan="2">Essay 6: Ressourcen
Übung 6: Meine Ressourcen</td><td>5 Min.
15 Min.</td></tr>
<tr><td colspan="2">Text: Reflexion nach den Übungen</td><td>10 Min.</td></tr>
<tr><td colspan="2">Trainingsstufe I insgesamt:</td><td>ca. 195 Min.</td></tr>
<tr><th colspan="3">II. Trainingsstufe: Training der Jugendlichen</th></tr>
<tr><td rowspan="3">1. Einführung – Überblick zum Training, Arbeitsweisen, Gesprächsregeln</td><td>1.1 Zielbeschreibung des Trainings</td><td>15 Min.</td></tr>
<tr><td>1.2 Einführung von Gesprächs- und Feedbackregeln</td><td>15 Min.</td></tr>
<tr><td>1.3 Die SMS-Mappe</td><td>15 Min.</td></tr>
<tr><td rowspan="4">2. Sensibilisierung – Umgang mit Erfolg, Misserfolg und eigenen Kompetenzen</td><td>2.1 Im Skaterpark</td><td>15 Min.</td></tr>
<tr><td>2.2 Musiker und Sportlerin – zwei erfolgreiche Personen</td><td>20 Min.</td></tr>
<tr><td>2.3 Die Freunde Kai und Mark</td><td>25 Min.</td></tr>
<tr><td>2.4 Mein eigenes Stärkenblatt</td><td>25 Min.</td></tr>
</table>

3. Selbstbegegnung – Situationsadäquate Selbstdarstellung und Wirkung auf andere	3.1 Selbstportrait		80 Min.
	3.2 Ich-Design (Wirklichkeits- und Möglichkeitskonstruktionen)		80 Min.
	3.3 Pantomime		60 Min.
	3.4 Double gesucht		30 Min.
	3.5 Deine Schwächen machen dich menschlich		30 Min.
4. Zukunftspläne – Berufe, Laufbahngestaltung und der eigene Wunschberuf	4.1 Was ist mir wichtig, was mache ich eigentlich gern?		20 Min.
	4.2 Praxis-Check *(evtl. selbstständig als Hausaufgabe zu bearbeiten)*		65 Min. + 90 Min.
	4.3 Nicos Weg		20 Min.
	4.4 Inventar		30 Min.
	4.5 Mein Zukunftsentwurf		45 Min.
	4.6 Mein Plan		30 Min.
5. Realisierung – Stellenanzeigen, Bewerbung und strategische Planung	Teil 1: Bewerbung	5.1 „Lisa stellt sich vor“ – Comic	15 Min.
		5.2 Stellenanzeige – „… gesucht“	40 Min.
		5.3 Talente-Hitliste	30 Min.
		5.4 Auf Stellensuche	20 Min.
		5.5 Machen nur Kleider Leute?	45 Min.
		5.6 Fit für das Bewerbungsgespräch	30 Min.
		5.7 Bewerbungsrollenspiel	60 Min.
	Teil 2: Selbstständigkeit	5.8 Wir gründen ein Unternehmen	30 Min.
		5.9 Strategie-Map	35 Min.
6. Ressourcen – Handlungsalternativen und Selbstakzeptanz	6.1 Hast du einen Tipp für mich?		30 Min.
	6.2 Du bist einzigartig – ich bin einzigartig		25 Min.
	6.3 „My name is…“		10 Min.
7. Optional (fakultative Aufgaben)	7.1 Erarbeitung von Gesprächs- und Feedbackregeln (lange Version)		30 Min.
	7.2 Auf leisen Sohlen		20 Min.
	7.3 Bumerang		20 Min.
	7.4 Statement für meinen Wunschberuf		50 Min.
	7.5 Einkaufen mit dem Sparschwein		70 Min.
	7.6 Kartenspiel		20 Min.
Trainingsstufe II insgesamt: *(zuzüglich evtl. 180 Min. für optionale Aufgaben)*			925 Min.

III. Trainingsstufe: Selbsttraining der Jugendlichen		
8.1 Vorbereitung des Selbsttrainings „Jugendliche trainieren Jugendliche“		10 Min.
8.2 Die vier Aufgaben für die Trainingsgruppen	Aufgabe 1: Alles hat sein Für und Wider	60 Min. Aufgaben werden parallel erarbeitet
	Aufgabe 2: So sind wir!	
	Aufgabe 3: Zum Nachdenken …	
	Aufgabe 4: Kannst du dich selbst darstellen?	
8.3 Jugendliche trainieren Jugendliche – die Durchfrührung		210 Min.
	Trainingsstufe III insgesamt:	280 Min.
9. Abschluss		30 Min.

I. Trainingsstufe: Trainer-Training

Das Prinzip des Trainer-Trainings

Liebe Kollegin, lieber Kollege.

Die erste Stufe des SMS-Trainings möchte Sie auf Ihre Trainer-Rolle vorbereiten. Lesen Sie bitte zunächst die als Essays verfassten Texte und führen Sie die jeweils vorgeschlagenen Übungen durch: Dabei können Sie natürlich selbst entscheiden, wie intensiv Sie die Vorbereitung absolvieren möchten. Sofern Sie Kollegen haben, die das Training ebenfalls durchführen, können Sie es auch teilweise gemeinsam bearbeiten.

Beim Trainer-Training geht es um die sachliche Vorbereitung auf das Training der Jugendlichen sowie um die Auseinandersetzung mit eigenen persönlichen Themen, die mit dem Training in Verbindung stehen. Es ermöglicht Ihnen die Hintergründe und Wirkungsweisen der Trainingsstufen II und III intensiver kennen zu lernen, deshalb bieten wir Ihnen die Möglichkeit an, sich mit ähnlichen Fragestellungen und Herausforderungen zu beschäftigen, wie die Jugendlichen. Diese Vorgehensweise soll Sie dabei unterstützen, die Jugendlichen schneller und genauer verstehen zu können und für den Trainingsprozess zusätzlich zu sensibilisieren.

Wir wünschen Ihnen, dass Sie die Möglichkeit finden, die Impulse des Trainer-Trainings mit Offenheit für neue Perspektiven und Erfahrungen sowie mit genügend Ruhe und ausreichendem Zeitkontingent zu bearbeiten.

Eine besondere Qualität des SMS-Programms stellt nämlich zugleich eine Herausforderung dar. Es verbindet kognitiv ausgerichtetes Lernen mit den im theoretischen Teil (vgl. Kapitel 2.3) dargestellten zugrunde liegenden Konstrukten mit

- handlungs- und erfahrungsorientiertem Lernen zu eigenen Kommunikationsweisen und
- handlungs- und erfahrungsorientiertem Lernen zur eigenen Person.

Wenn solche Lernprozesse gelingen, werden Sie Ihren Jugendlichen substanzielle und nachhaltige Entwicklungsmöglichkeiten eröffnet haben. Lernprozesse dieser Art vergisst man nicht. Zugleich sind Erwachsene wie auch Jugendliche bei solchen Themen und bei einem derartigen Ansatz besonders berührbar. Rückmeldungen, wie man mit anderen umgeht, wie man auf sie wirkt, welche Wahrnehmungen die eigene Person bei anderen auslöst, welches Bild der eigenen Person man im Anderen entstehen lässt, können überraschend wirken und sind manchmal nicht leicht hinzunehmen. Sie können das über Jahre gewachsene Selbstbild in Frage stellen und Elemente in der eigenen Selbststruktur verändern. Solche Risiken müssen berücksichtigt werden und bieten gleichermaßen eine Chance, wenn die Lernerfahrung auf struktureller Ebene und damit nachhaltig Entwicklungen in Gang setzen soll.

Wir sind überzeugt, dass die zunächst eigene Auseinandersetzung mit den Themen des Programms Sie unterstützt und für die Jugendlichen förderlich ist, ohne sie dabei zu überfordern – denn dies unterläuft Erwachsenen und auch Pädagogen häufiger. Wenn wir selbst unter Druck stehen, verlangen wir von Kindern und Jugendlichen manchmal ein Sozialverhalten, ein Ausmaß an Verzichtbereitschaft, Gerechtigkeitssinn, Geduld oder Altruismus, welches die wenigsten Erwachsenen selbst aufbringen. Wir wünschen Ihnen, dass es Ihnen gelingt, solche Lernerfahrungen mit Ihren Jugendlichen zusammen in einer menschlich erfüllenden, realistischen und authentischen Weise zu erleben. Am Ende dieses Trainer-Trainings geben wir einige Hinweise darauf, wie die Auswertungs- und Reflexionsgespräche nach den Übungen des Schüler-Trainings von Ihnen in einer nicht direktiven, erfahrungsorientierten Weise begleitet werden können.

Essays und Übungen

Im Folgenden bieten wir Ihnen, korrespondierend zu den Inhalten jeder Trainingsstation, kurze Essays und Übungen an, die Sie motivieren möchten, Ihre persönlichen Erfahrungen, Vorgehensweisen und auch Problemlösestrategien zu dem jeweiligen Thema unter die Lupe zu nehmen. Dies soll Sie dazu anregen, auf Ihr persönliches Erleben und auf bedeutende persönliche Erinnerungen zu diesen Themen zu schauen. Solches Erleben und Erinnern wird häufig bereits beim Lesen ausgelöst. Es gibt jedoch Methoden, dieses Erleben vollständiger, reicher und nachhaltiger zu gestalten. Wir halten es für sehr wichtig, dass Sie als Trainier dieses Programms bei jedem Thema mit mindestens einer dieser Methoden arbeiten, da sich dies bei der Durchführung im Kontakt mit den Jugendlichen auszahlen wird.

Die ersten beiden Methoden können Sie jeweils einzeln durchführen. Sollten Sie Kollegen ha-

Fünf mögliche Auswertungsmethoden zu den Trainer-Trainings-Essays:

- *Stille Reflexion.* Nach der Lektüre des Essays: Nehmen Sie sich ein paar Minuten Zeit, lassen Sie Gedanken, Gefühle, Erinnerungen aufsteigen, fertigen Sie Notizen dazu auf einem bereit gelegten Papier an. Beantworten Sie zum Beispiel die Fragen, die im Essay aufgeworfen werden. Es macht einen qualitativen Unterschied aus, das Material wirklich in Sätzen zu formulieren und aufzuschreiben. Natürlich soll dies nicht irgendwo gezeigt werden. Das Niederschreiben aber konturiert, konkretisiert und vertieft das aufsteigende Erleben. Aus diesem Grund schreiben viele Jugendliche ein Tagebuch.
- *Focusing.* Diese Methode können Sie nur anwenden, wenn Sie sie zuvor in der Regel in einem Kurs oder einer Beratungsausbildung gelernt haben. Es bietet sich an, den Focusingprozess entweder an eine hervorstechende aufsteigende Erinnerung oder an ein während der Lektüre des Essays wahrnehmbare Körperempfindung anzubinden (Gendlin, 1978; Siems, 1986; Weiser-Cornell, 1997).
- *Fantasiereise.* Fantasie- oder Traumreisen haben Sie möglicherweise bereits selbst mit Kindern oder Jugendlichen durchgeführt. Ein Gruppenmitglied leitet zunächst eine Entspannungsübung ein, etwa im Sinne des Autogenen Trainings oder der Progressiven Muskelrelaxation (Tausch, 1996, S. 282-310) oder der Entspannungsprüfung nach Duskin (S. 308 f.), anschließend liest sie die Fragen von den Übungsblättern vor, je mit ca. 30 bis 60 Sekunden Pause.
- *Metaplantechniken.* Nach der Essay-Lektüre notieren Sie aufsteigende Gedanken und Erinnerungen jeweils einzeln auf ca. postkartengroßen Zetteln. Sie können sich dabei von den Fragen in den Essays leiten lassen. Eine mögliche Auswertungstechnik besteht darin, dass die Gruppe anschließend ein Überschriftensystem entwickelt und alle Zettel thematisch ordnet. Eine Gruppendiskussion kann folgen.
- *Gruppenaustausch und -diskussion.* Austausch der aufsteigenden Gedanken, Gefühle und Erinnerungen in der Gruppe, soweit sie die jeweilige Person mitteilen möchte. Diskussion von sich herauskristallisierenden Fragen.

ben, mit denen Sie das Programm gemeinsam durchführen wollen oder die das Programm mit einer anderen Gruppe durchführen wollen, bieten sich zusätzlich oder unmittelbar die weiteren drei Methoden an. Die Methoden Fantasiereise, Metaplantechnik oder Gruppenaustausch können Sie zu zweit oder besser in einer kleinen Gruppe durchführen.

Um die Handhabung des Manuals zu erleichtern, entspricht die Darstellung der Trainer-Training-Übungen inhaltlich dem in den Trainingsstufen II und III verwendeten Aufbau.

Essay 1: Gesprächs- und Feedbackregeln

Gespräche mit anderen Menschen können auf sehr unterschiedliche Art und Weise verlaufen: ruhig und verständnisvoll in angenehmer Atmosphäre oder konfliktbehaftet mit gegenseitigen Schuldzuweisungen. Doch wie gestalte ich selbst verschiedene Gesprächssituationen in meinem persönlichen Umfeld? Wodurch ist ein Austausch gekennzeichnet, bei dem sich andere mit mir wohlfühlen und den wir selbst als gewinnbringend empfinden? In welchen Gesprächen war ich kritisch, wirkte ungerecht oder verletzend? Verallgemeinerungen, Dazwischenreden, kritische Äußerungen, fehlende oder irrelevante Argumentationen und ein verletzender Gesprächsstil gelten als häufige Ursachen von Kommunikationsstörungen.

Gilt das auch für Sie? Was sonst könnte noch wichtig sein?

Selbst wir als Erwachsene können unsere Gespräche nicht immer mit der nötigen Distanz reflektieren und Schlussfolgerungen für unser zukünftiges Gesprächsverhalten daraus ziehen. Doch bereits einige Gesprächsregeln für gelingende Kommunikation können einfach erlernt werden. Gerade in Situationen, deren Themenschwerpunkt die eigene Person, das Erkennen, Akzeptieren und Annahmen eigener Stärken und Schwächen bildet, sind rücksichtsvolle, wertschätzende und konstruktive Gesprächsformen äußerst relevant.

Damit Jugendliche dies einüben bzw. festigen können ist bei der Trainingsdurchführung das Einführen und Einhalten von Gesprächs- und Feedbackregeln bedeutsam. Nicht nur in der ersten Station „Einführung“, auch im weiteren Verlauf des Trainings soll den Schülern immer wieder verdeutlich werden, wie wichtig konstruktives Feedbackgeben und -annehmen für Klärungen und für Meinungsäußerungen ist. Ebenso der Umgang mit Tipps von anderen, in dem die Rückmeldungen zunächst angenommen und in Ruhe geprüft werden soll, ob diese für einen selbst doch nützlich und anwendbar sind.

Wissen Sie, wie unterschiedlich Sie oder andere Menschen mit Feedback umgehen? Ist es Ihnen immer bewusst, wann und wie Sie selbst andere verletzten oder wann dies nicht geschah? Wann ist es Ihnen weniger wichtig, andere nicht zu verletzen?

Trainer-Training – Übung 1

Übung 1: Let's talk!

Sie nehmen Ihr eigenes Gesprächs- und Feedbackverhalten unter die Lupe und reflektieren, wie Sie sich in Gesprächen und Diskursen mit anderen Menschen verhalten und fühlen. Das Augenmerk liegt auf der Frage, was konstruktive und angenehme Gespräche von weniger guten und nicht gewinnbringenden unterscheidet.

⌛[2] Ca. 15 Minuten

Bearbeiten Sie die nachfolgenden Fragen, indem Sie Ihr eigenes, aktives und passives Gesprächsverhalten reflektieren.

1. Wie sollte Kritik formuliert sein, damit Sie diese annehmen können?

____

____

____

2. Welche Äußerungsformen anderer Personen verletzen Sie bzw. mit welchen können Sie weniger gut umgehen?

____

____

____

3. Überlegen Sie bitte, mit welchen Personen Sie gewinnbringende Diskurse führen können. Wie haben diese Personen argumentiert?

____

____

____

[2] ⌛ = Zeitvorngabe

Trainer-Training – Übung 1

4. Was unterscheidet Menschen, mit welchen Sie gute gewinnbringende Gespräche führen können von weniger guten Diskussionspartnern?

5. Worauf achten Sie selbst, wenn Sie kritische Gespräche führen und jemandem Rückmeldung geben?

6. Auf welche Art und Weise äußern Sie selbst Jugendlichen gegenüber Kritik?

7. Welche Gesprächs- und Feedbackregeln sind Ihnen wichtig und weshalb?

Essay 2: Erfolg und Misserfolg

Kennen Sie folgende Situation? Sie haben ein sehr wichtiges Ziel oder eine Aufgabe vor Augen, auf welche Sie sehr lange hingearbeitet haben. Viele Mühen und Anstrengungen waren notwendig, um das Vorhaben überhaupt initiieren und in die Wege leiten zu können. Manchmal mussten vielleicht sogar angenehmere, abwechslungsreichere Beschäftigungen oder Treffen mit Freunden aufgeschoben werden, um den angestrebten Erfolg (z. B. Prüfung, Berichte schreiben oder auch ein Fest organisieren) erreichen zu können. Doch dann erleben Sie trotz der Anstrengungen einen Misserfolg. Statt Erfolgsgefühlen, Stolz und Freude stellen sich Enttäuschung, Ärger, Ratlosigkeit, ja eventuell sogar Scham oder Trauer ein.

Situationen wie diese spielen sich in unterschiedlicher Intensität vielleicht tagtäglich ab. Menschen mit konstruktiver Reflexionsfähigkeit und mit einem stabilen Selbstwertgefühl verfügen zumeist über hinreichende Kompetenzen mit derartigen Erfahrungen umgehen zu können. Manchmal können Misserfolgserlebnisse dazu führen, dass die Person ihre eigene Fähigkeiten und Kompetenzen oder sich selbst infrage stellt und ihr Selbstwertgefühl gerät ins Schwanken. Die Person kann eventuell im Alltag „irgendwie" weiter funktionieren, jedoch muss sie versuchen ihr eigenes Selbst in einem kürzeren oder längeren Prozess zu reorganisieren und zu stabilisieren. Wenn dies der Person jedoch nicht gelingt, kann es dazu führen, dass sie später ähnlichen Herausforderungen generell mit Unsicherheit und geringer Selbstwirksamkeitserwartung begegnet. Wie reagieren Jugendliche? Wie sind Sie als Jugendlicher mit Erfolg und Misserfolg umgegangen? Womit kann es zusammenhängen, wie Sie heute eine misslungene Situation sowie „verlorene" Zeit und Energie bewerten? Was machen Sie, wenn Sie enttäuscht, verärgert oder verzweifelt hinsichtlich eines Misserfolgs sind? Welcher Zusammenhang besteht zwischen Erfolg bzw. Misserfolg und dem Umgang mit den eigenen Stärken und Schwächen?

Unser Ziel ist es, Jugendliche für Erfolgserlebnisse und für die Wahrnehmung ihrer Motive (vgl. Kapitel 2.3) zu sensibilisieren sowie für die Bewältigung von Misserfolgen zu stärken. Sie sollen dabei unterstützt werden, Herausforderungen mit Zuversicht anzugehen, aber auch mit Rückschlägen konstruktiv umgehen zu können. Hierzu sind insbesondere Klarheit über Stärken, Schwächen, das eigene Selbstkonzept, sowie ein stabiles Selbstwertgefühl und die Erhaltung der Handlungsfähigkeit von Bedeutung (ausführlicher hierzu s. Kapitel 2.3).

Zudem sind nicht alle Niederlagen auf mangelnde Fähigkeiten, Engagement und Kompetenzen zurückzuführen. Wichtig und Selbstwert schützend für Jugendliche hinsichtlich ihrer Identitätsentwicklung ist das Wissen, dass das Erreichen von Zielen manchmal nicht von ihnen selbst, sondern auch von externen, situationsbezogenen Bedingungen abhängig sein kann. Um Jugendlichen den Zugang zu diesen Themen zu ermöglichen, werden sie in der zweiten Station anhand von Beispielen, etwa Erfolgs- und Misserfolgsgeschichten zunächst für die eben beschriebenen Zusammenhänge sensibilisiert und für die nachfolgenden Trainingsstationen motivational vorbereitet. Bereits in dieser Trainingsphase sollen Jugendliche auch ein Gefühl dafür entwickeln, welche Motive für sie dominierend und somit dafür verantwortlich sind, dass sie sich für bestimmte Tätigkeiten oder Themen besonders engagieren bzw. für welche sie kein Interesse aufbringen können. Denn diese korrespondieren häufig mit der Akzeptanz individueller Stärken und Schwächen, die ebenfalls in der zweiten Station thematisiert werden. Hierbei ist darauf zu achten, dass sie sich jedoch nicht an Mitschülern und Freunden orientieren, sondern für ihre eigenen Motivstrukturen sensibel werden. Jugendliche mit Hobbys und Interessen, die nicht modern vielleicht sogar altmodisch sind, bedürfen bei diesem Prozess feinfühliger Reaktionen seitens der Trainer.

Trainer-Training – Übung 2

Übung 2: Check-in

Die Erfassung Ihres selbstbezogenen Status Quo erleichtert den Zugang zu den Themen des Trainingsprogramms.

⌛ 20 Minuten

Bitte beantworten Sie die folgenden Fragen für sich. Es ist wichtig, dass Sie alle Fragen rasch, genau und sehr ehrlich beantworten.

1. Wovon hängt es ab, ob Sie ein Ereignis als persönlichen Erfolg- oder Misserfolg identifizieren?

____

____

____

2. Mit welchen Gefühlen reagieren Sie meistens auf Erfolge/Misserfolge?

____

____

____

3. Wann können Sie anschließend gleich zur „Tagesordnung" übergehen und wann denken Sie sehr lange darüber nach?

____

____

____

4. Was schätzen Sie an Ihrem jetzigen Beruf am meisten?

____

____

____

Trainer-Training – Übung 2

5. Was hat Ihnen geholfen, Ihre eigene Berufsmotivation zu klären?

6. Wie erleben Sie Tipps/Ratschläge anderer Personen?

7. Würden Sie heute einen anderen Beruf wählen? Welchen?

8. Was würden Sie einem Freund raten, wie er sich über einen Beruf informieren soll?

9. Was würden Sie einem Freund raten, wenn er sich auf ein Vorstellungsgespräch vorbereiten möchte?

Essay 3: Selbstbegegnung

Wahrscheinlich können Sie sich an Situationen erinnern, in denen Sie bei Ihrem Gegenüber unbedingt einen bestimmten Eindruck von sich selbst erzielen wollten. Typisches Beispiel wäre etwa, um die Sympathie einer Person zu werben: während eines Vorstellungsgespräches oder wenn Sie einen Handwerker oder Verkäufer um Preisnachlass bitten möchten. Was haben Sie im Vorfeld über sich gedacht? Welche Eigenschaften wollten Sie besonders betonen und welche hätten Sie am liebsten versteckt? Haben Sie lange über Ihr Aussehen nachgedacht?

Vorbereitend auf Situationen, die es in besonderer Weise erfordern ein bestimmtes Bild von uns zu vermitteln, stellen wir uns oft die Frage: Was ist bei der bevorstehenden Situation bedeutsam? Wie kann ich meine Stärken zum Ausdruck bringen? Wie kann ich in dieser Situation mit meinen Schwächen strategisch geschickt umgehen. Retrospektive Reflexionen, die durch die erlebte Situation ausgelöst werden könnten sein: Gelang es mir mich selbst so darzustellen, wie ich es geplant hatte? Was hätte ich besser machen können? Hat es mir gefallen authentisch und trotzdem erfolgreich zu sein?

Die Art wie Personen sich vor anderen Menschen darstellen ist oft entscheidend dafür, wie kompetent, offen, authentisch und sympathisch die Person erlebt wird. Dabei kann die beabsichtigte Selbstdarstellung auch mit Absichten des Selbstwertschutzes oder der Selbstwerterhöhung zusammenhängen (vgl. Kapitel 2.3) und wird zudem von dem Bild beeinflusst, das die Person über sich selbst hat. Und umgekehrt kann sich der erlebte Erfolg oder Misserfolg auf unsere Selbstbewertung und auf unser Selbstkonzept auswirken.

Wie können Jugendliche dabei unterstützt werden, ein realistischeres Bild über sich selbst zu bekommen? Wie kann ihr Erfahrungsschatz sukzessive ausgebaut werden? Was kann sie stärken? Selbstbildnisse erfordern eine intensive Auseinandersetzung mit dem Selbst. So entsteht beim Gestalten und beim anschließenden Betrachten der Bilder ein Dialog mit sich selbst. Dieses Medium „Bild“ kann dazu beitragen, das auszudrücken, was sonst nur schwer und sprachlich oft nicht adäquat ausgedrückt werden kann. Durch ästhetische Gestaltung und ihre Wahrnehmungen können sich Jugendliche selbst aus einer Metaposition sehen und eine Reflexion in Gang setzten (vgl. Schoppe, 2003; Rust, 2009).

Dass Jugendliche generell neugierig sind, sich selbst zu erkunden und in der Regel gerne mit ihrer eigenen Person selbstdarstellerisch experimentieren, macht sich das Training zu Nutze. Da Erwartungshaltungen der Familie oder der Freunde beabsichtigen, manche Erfahrungsbereiche einzuschränken, sollen im Training neue Interessen zum Ausdruck gebracht werden können ohne dabei negative Konsequenzen befürchten zu müssen.

Jugendliche werden sich während des gesamten Trainings immer wieder mit folgenden Fragestellungen auseinander setzen: Wie gut kenne ich mich selbst? Wer möchte ich sein? Wie möchte ich von anderen wahrgenommen werden? Was kann ich gut und was kann nicht so gut?

Dabei wird in der dritten Station insbesondere das eigene Selbst als Konzept, das auf Stärken, Schwächen, verschiedenen Erfahrungen sowie auf inneren und äußeren Merkmalen begründet ist im Mittelpunkt stehen. Jugendliche experimentieren mit ihrer Selbstdarstellung in einem geschützten Rahmen, können Kleider, Lebensstile, Berufe und Weltanschauungen „anprobieren“ und setzen sich auf diese Weise mit möglichen Selbst-Facetten auseinander. Um das Selbstbild mit dem Fremdbild abgleichen und durch Wahrnehmungen anderen erweitern zu können, betonen diese Übungen die Ausübung von Rückmeldungen im Sinne eines konstruktiven Feedbacks von Seiten der anderen Jugendlichen. Durch das Erleben des Selbst aus mehreren Perspektiven und die Rückmeldungen soll darüber hinaus die Selbstakzeptanz der Jugendlichen unterstützt werden.

Trainer-Training – Übung 3

Übung 3: Kompetent und beeindruckend

In dieser Aufgabe stehen Ihre persönlichen Eindrücke über sich selbst sowie Ihre Strategien zur Selbstdarstellung im Mittelpunkt.

⏳ 20 Minuten

Überlegen Sie für jede dieser Selbstdarstellungstechniken, ob und wie Sie diese im Schulalltag umsetzen. Gibt es Möglichkeiten, wie Sie Ihre Selbstdarstellung bezüglich der einzelnen Kriterien noch verbessern könnten?

1. Meine drei wichtigsten Stärken bzw. Schwächen sind…

Stärken: ______________________________

Schwächen: ______________________________

2. Sehr charakteristisch ist für mich…

____

____

3. Wenn ich selbstbewusst wirken möchte…

____

____

4. Kompetenz signalisiere ich...

____

____

5. Auf meine äußere Erscheinung achte ich besonders, wenn…

____

____

Essay 4: Zukunftspläne

Können Sie sich an Ihre Jugendzeit erinnern, als sich Ihre Lebensvorstellungen und Berufsträume allmählich entwickelten? War es Ihnen damals klar, dass es viel Anstrengung und Energie erfordern könnte, diese Visionen zu verwirklichen? Waren Sie trotzdem motiviert, um für Ihre Ziele zu arbeiten? Möglicherweise haben nur einige Ihrer Visionen, Motive oder Ziele Auswirkungen auf Ihren Lebensweg gezeigt? Können Sie heute sagen, warum gerade diese entscheidend waren? Waren vielleicht Ihre Ziele zunächst diffus oder sogar widersprüchlich, was die Entscheidung für einen bestimmten Weg erschwerte? Oder gab es äußere Einflüsse, die bei Ihren Zielsetzungen und der anschließenden strategischen Planung behilflich waren. Das Ausbleiben von Erfolgen oder das Eintreten von Misserfolgen hängt oft mit unpassenden Zielen, Fehleinschätzungen von Chancen und Fähigkeiten sowie fehlender Ausdauer zusammen. Hierbei können unzureichende Informationen, mangelnde Kompetenzen, Orientierungslosigkeit und unklare Motive hintergründig sein. Auch vielen Jugendlichen fällt es schwer, Gebiete oder Interessen zu benennen, die ihnen viel Freude bereiten und in denen sie dauerhaft gute Leistungen erbringen können (vgl. implizite Motive in Kapitel 2.3). Bei beruflichen Entscheidungen und auch bei der Formulierung von Lebenszielen orientieren sie sich häufig an „modischen", lukrativ erscheinenden oder aus ihrem sozialen Umfeld „gelernten" Zielen (vgl. explizite Motive in Kapitel 2.3), statt an ihren eigenen Kompetenzen und Wünschen.

Angesichts des Ausbildungs- und Arbeitsplatzmangels haben es heute allerdings oft diejenigen Jugendlichen schwer, die realistische Ziele und konkrete, individuell „passende" Berufswünsche haben. Sie müssen darauf vorbereitet sein, ihren Traumberuf evtl. aufzuschieben, um ihn über Umwegen zu verwirklichen. Oder sie müssen sich gegenüber alternativen Berufswegen öffnen.

Ziel der vierten Trainingsstation ist es, die Jugendlichen bei ihrer Orientierung und Zielfindung zu unterstützen. Sie bekommen die Möglichkeit, sich intensiv und strukturiert mit ihren persönlichen Motiven, Zielen und Wunschberufen auseinander zu setzen, sowie zu überprüfen, inwieweit diese ihren individuellen Stärken, Schwächen und Vorlieben entsprechen. Um ein realistischeres Bild über Berufe und den beruflichen Alltag zu erfahren, werden die Jugendliche sowohl zu ihrem Wunschberuf als auch zu anderen Berufen möglichst viele Informationen sammeln, u. a. indem sie mit Menschen in Kontakt treten, die diesen Beruf ausüben. Anhand dieser Informationen wird erarbeitet, welche der eigenen Fähigkeiten, Ressourcen und Motivationen im jeweiligen Beruf optimal eingesetzt werden können und welche eher hinderlich sind. Aufgrund dieser differenzierten Erkenntnisse können die bisherigen Berufsziele der Jugendlichen bestätigt oder infrage gestellt werden, aber auch neue berufliche Ideen entstehen.

Trainer-Training – Übung 4

Übung 4: In meiner Jugend – und heute!

Jeder Jugendliche hat viele – auch immer wieder wechselnde – Träume und Pläne von der Zukunft. Manche können realisiert werden, einige verschwinden und andere existieren auch noch im fortgeschrittenen Erwachsenenalter als Traum. In dieser Übung haben Sie die Möglichkeit, sich mit Ihren eigenen Zukunftsplänen auseinander zu setzen.

⌛ Ca. 20 Minuten

M[3] Zwei DIN A4-Blätter

Knicken Sie bitte beide DIN A4-Blätter, so dass insgesamt vier Felder entstehen. Beschriften Sie nun die dabei entstandenen Spalten wie nachfolgend dargestellt und schreiben Ihre persönlichen Gedanken und Aspekte zur jeweiligen Überschrift hinein bzw. fertigen Sie evtl. auch kleine Skizzen dazu an.

Meine Pläne als Jugendlicher

Ich wollte … werden Mein Wunsch war …	Was habe ich getan um diese zu verwirklichen?	Wer hat mich dabei unterstützt?	Habe ich mein Ziel erreicht? Falls nicht, warum hat es nicht geklappt?

Meine Zukunftspläne heute

Meine Pläne für die Zukunft …	Haben diese mit meinen Stärken zu tun?	Was kann ich tun, um diese zu verwirklichen?	Was kann mir helfen? Wer könnte mich unterstützen?

[3] **M** = Hinweis auf Materialbedarf

Essay 5a: Realisierung

Sich auf eine Stelle zu bewerben ist meistens eine aufregende und sehr komplexe Situation. Sie ist hoffnungsvoll, weil die Chance gegeben ist, einen Ausbildungsplatz oder eine neue Stelle zu erwerben, doch ebenso existieren Unsicherheiten: Welche Erwartungen hat der Arbeitgeber, gibt es konkurrierende Bewerber und über welche Qualifikationen, Kenntnisse und Fähigkeiten verfügen diese? Eine Bewerbung ist ein öffentlicher und gleichzeitig doch sehr privater Prozess, bei dem sich der Bewerber unter Berücksichtigung seines Selbstbildes darstellen muss. Die erste Bewerbungsphase vor dem Schulabschluss ist nicht nur für das berufliche Weiterkommen, sondern auch für die Bewältigung späterer Herausforderungen auf dem Arbeitsmarkt von Bedeutung. Denn Bewerbung heißt wesentlich mehr, als das Anfertigen und Absenden einer Bewerbungsmappe.

Im Vergleich zu anderen Berufen haben Lehrer berufsbedingt eher weniger Erfahrungen hinsichtlich Arbeitssuche und Bewerbung – einige konnten vielleicht noch gar keine Erfahrungen sammeln. Dennoch ist es einerseits ihre Aufgabe, anderseits möchten sie die ihnen anvertrauten Jugendlichen bei der Berufsorientierung und Vorbereitung auf den Übergang zur Berufsausbildung unterstützen. Insbesondere Haupt- und Realschullehrer können hierbei nur selten auf ihre eigenen Erfahrungen zurückgreifen. Aber auch für diejenigen Trainer, die diesbezüglich bereits erfahrener sind, ist es oft eine Herausforderung, Jugendlichen dabei zu helfen, wenn sie für die Ausbildungsplatzbewerbung das Beste aus sich herausholen sollten. Der Schwerpunkt der Station „Realisierung“ liegt auf dem Themenkomplex „Bewerbung“. Nach den vorbereitenden Übungen in den vorhergehenden Stationen erfolgt nun die Synthese von beruflichen Informationen, Selbstkenntnissen und Kompetenzen. In dieser Station werden Jugendliche sukzessiv mit verschiedenen Phasen eines Bewerbungsprozesses konfrontiert: Umgang mit Stellenanzeigen, Betrachtung und Einschätzung von Fallbeispielen, Simulieren von Bewerbungsgesprächen, usw. Eines der Hauptanliegen der Übungen – sowie des SMS-Trainings generell ist –, Jugendlichen Zuversicht hinsichtlich ihrer eigenen Wirksamkeit zu vermitteln. Hierzu werden die fünf, für einen positiven und sozial günstigen Eindruck erfolgversprechenden Selbstdarstellungsstrategien gezielt bewerbungsthematisch trainiert.

Trainer-Training – Übung 5a

Übung 5a: Stellenbörse

In den meisten Fällen beginnt ein Bewerbungsprozess mit der Stellensuche. Bitte nehmen Sie die „Stellenangebote"-Rubrik einer Tages- oder Wochenzeitung zur Hand und wählen Sie ein Stellenangebot aus, das für Sie interessant wäre. Studieren Sie die Anzeige sorgfältig und beantworten Sie den nachfolgenden Fragebogen. In dieser Übung können Sie anhand einer Selbstreflexionsmethode erfahren, wie erfolgreich Sie Ihr Vorbereitungstraining durchgeführt haben.

⌛ 30 Minuten

Bitte nehmen Sie die „Stellenangebote"-Rubrik einer Tages- oder Wochenzeitung zur Hand und wählen Sie ein Stellenangebot aus, das für Sie interessant wäre. Studieren Sie die Anzeige sorgfältig und beantworten Sie folgende Fragen:

1. Was ist die Philosophie des Unternehmens?

____

____

2. Welche Kompetenzen/Erfahrungen sind Voraussetzung und welche vorteilhaft für die ausgeschriebenen Stelle? Verfügen Sie über diese Kompetenzen?

____

____

3. Womit könnten Sie „Plus-Punkte" für die Stelle aufweisen?

____

____

4. Stellen Sie sich vor, Sie möchten die Personalleiterin des Unternehmers um weitere Informationen bitten. Bitte formulieren Sie zwei Sätze, in denen Sie sich kurz vorstellen und bekunden, warum Sie für diese Stelle besonders geeignet wären.

____

____

____

____

Essay 5b: Selbstständigkeit

Waren Sie – beruflich oder privat – schon einmal in ein Gemeinschaftsprojekt involviert? Welche Aufgabenbereiche haben Sie dabei übernommen? Haben Sie sich in Ihrem Team wohlgefühlt – oder fehlte Ihnen etwas um gemeinsam konstruktiv und kreativ arbeiten zu können? Handelte es sich um ein anspruchsvolles Projekt bei dem strategische Planung erforderlich war und welchen Part der Planung haben Sie dabei erfüllt? Spielten Sie bereits mit dem Gedanken selbstständig und damit einhergehend Ihr eigener Chef zu sein? Oder sogar ein Unternehmen oder eine Privatschule gemeinsam mit Bekannten zu gründen?

Auch Jugendliche am Übergang zum Berufsleben müssen lernen sich an gemeinschaftlicher Zielerreichung mit komplexen Anforderungen ihren Fähigkeiten und individuellen Stärken entsprechend zu beteiligen. Verschiedene Arbeitsplätze, Teams, Projekte und Vorhaben können jedoch auch unterschiedliche Kompetenzen beanspruchen, so dass die Beteiligten nicht immer ihr Potenzial ausschöpfen können. Sich selbst konstruktiv in einer Teamarbeit oder einem Projekt integrieren zu können erfordert ebenfalls Kenntnisse über die eigenen Fähigkeiten und Leistungsgrenzen. Darüber hinaus ist die Anpassungsfähigkeit, Teamfähigkeit und die Bereitschaft zur effektiven Zusammenarbeit erforderlich. Wie gehen sie aber mit Rückschlägen um? Finden sie eine befriedigende Rolle? Können sie sich anpassen?

Einen weiteren Schwerpunkt dieser Station bildet neben der Bewerbung die strategische Vorgehensweise zur Realisierung von Zielen in Gruppen. Hierzu zielen zwei verschiedene Projektarbeiten auf die Aktivierung von Ressourcen. Die Jugendlichen lernen bei der Aufgabenlösung ihre eigenen strategischen Denkweisen sowie jene ihrer Gruppenmitglieder kennen und können diese erproben. Dabei erfahren sie, inwieweit sie ihre eigenen Stärken vertreten oder sogar verteidigen können und wie stark ihr Durchsetzungsvermögen ist. Zudem können sie erkennen, welche Funktionen sie in Gruppen erfüllen können. Außerdem soll erneut das Bewusstsein für Erfolgs- und Misserfolgserleben sowie für den konstruktiven Umgang damit geschärft werden: Vorhaben, die anfänglich durch Zwischenfälle oder Rückschläge ins Stocken geraten, sind nicht grundsätzlich zum Scheitern verurteilt, vielmehr können durch Optimierung der Strategien und Herangehensweisen dennoch Erfolge erzielt werden.

Trainer-Training – Übung 5b

Übung 5b: Unsere Firma

Gründen Sie „gemeinsam“ mit Ihrem Kollegen-Team ein erfolgreiches, fiktives Unternehmen! Während dieser Übung erarbeiten Sie ein Konzept, bei dem Sie Ihre eigenen Stärken und Schwächen sowie auch die von Ihren Kollegen berücksichtigen sollen, indem sie den persönlichen Fähigkeiten entsprechend unterschiedliche Aufgaben zuteilen.

⌛ Ca. 20 Minuten

M Ein DIN A4-Blatt, Bleistift, evtl. Buntstifte

Ablauf:

1. Denken Sie an 3 bis 4 Personen aus Ihrem Kollegen- oder Freundeskreis. Stellen Sie sich vor, Sie gründen mit diesen Personen gemeinsam ein Unternehmen.
2. Fertigen Sie nun auf Ihrem Blatt eine Mind-Map an, die folgende Aspekte berücksichtigt: In welcher Branche wollen Sie tätig werden? Welche Posten kann Ihr Team belegen? Welche Position nehmen Sie dabei selbst ein?
3. Ordnen Sie Ihre Kollegen den individuellen Stärken und Schwächen entsprechend den einzelnen Positionen zu. Überlegen Sie für sich, weshalb Sie die Stellen genau so verteilen.
   - Welchen Part übernehmen Sie selbst?
   - Was prädestiniert Sie dazu?
   - Wo könnten sich Schwierigkeiten ergeben und wie können Sie diese gemeinsam lösen?

Essay 6: Ressourcen

Im Laufe der Vorbereitung auf das SMS-Training haben Sie vielleicht öfter über Ihre Stärken, Fähigkeiten und Begabungen, aber auch Schwächen nachgedacht. Stärken und Schwächen machen sich in vielen alltäglichen wie beruflichen Situationen bemerkbar: Haben Sie sich schon einmal dabei ertappt, anstelle eines Fachartikels lieber in einer Illustrierten zu blättern? Oder haben Sie schon einmal im Unterricht, um Zeit zu sparen, einen Schüler aufgerufen, der sicher liest, statt einen Schüler, der noch Lesepraxis benötigt? Aber, Sie haben vielleicht auch schon Situationen erlebt, in denen sich Ihre Informationen aus der eben genannten Illustrierten als Stärke erwiesen haben. Oder, dass Ihre Flexibilität im Unterricht auch für andere Vorteile haben kann, wenn Sie dadurch die Stunde „gerettet" haben. Waren Sie schon einmal über sich selbst überrascht und haben dabei neue Stärken an sich entdeckt, als Sie z. B. jemanden einen Rat oder Tipp gaben bzw. geholfen haben? Auf ähnliche Weise werden die Jugendlichen während des Trainingsprogramms immer wieder mit ihren Schwächen sowie mit ihren Stärken „konfrontiert", um diesbezüglich mehr Akzeptanz und Offenheit zu erlangen. So versucht auch die letzte Station des Trainings der Jugendlichen, die Ressourcen der Jugendlichen zu mobilisieren. Zur Aktivierung ihrer Problemlösekompetenz sollen Jugendliche im Hinblick auf eine andere Person, also gleichsam aus der Distanz Lösungen für Schwierigkeiten entwickeln. Aus der Perspektive eines „unbeteiligten" Betrachters entstehen somit Strategien, die Jugendliche in der Folge auf ihre eigenen Situationen und Schwächen übertragen können, so dass sich allmählich ihre Handlungskompetenz erweitert.

Zum Abschluss der zweiten Trainingsstufe und vorbereitend auf das Selbsttraining der Jugendlichen soll nochmals der Umgang mit eigenen Stärken fokussiert werden. Oft fällt es schwer, eigene Stärken in Worte zu fassen und es kann durchaus unangenehm sein, von anderen für eine besondere Fähigkeit in den Mittelpunkt gestellt zu werden oder sich sogar selbst zu loben. Doch genau diese Kompetenzen werden in Bewerbungssituationen verlangt.

Zwei Übungen helfen Jugendlichen, nicht nur ihre persönlichen Stärken und Schwächen zu benennen, sondern diese auch zu würdigen. Indem sie ihre persönliche „Einzigartigkeit" vor dem Plenum präsentieren, erfahren sie erneut, wie sie mit Rückmeldungen bereits umgehen und eventuell ihre Darstellungen begründen können.

Trainer-Training – Übung 6

Übung 6: Meine Ressourcen

In dieser Übung sollen Sie über Ihre eigenen Ressourcen nachdenken und diese anhand fiktiver Beispiele in Ihren Alltag einbringen. Dabei können Sie Ihr Handlungsrepertoire überdenken und vielleicht sogar neue Strategien entwickeln.

⌛ Ca. 15 Minuten

Notieren Sie Ihre Antworten:

1. Im vorhergehenden Essay haben Sie gelesen, dass eine Schwäche auch manchmal positive Seiten haben kann. Überlegen Sie bitte eigene Schwächen und was daran positiv sein kann.

____

____

____

2. Sie werden vor der gesamten Schule/Einrichtung für einen besonderen Verdienst geehrt. Neben allen Jugendlichen, Kollegen und Ihrem Chef sind auch Medienvertreter anwesend. Wie fühlen Sie sich, wenn Sie ans Mikrofon treten um sich für die Ehrung zu bedanken?

____

____

____

3. Ihre persönliche Begeisterung für ein Thema/eine Sache kann sich auf die Jugendlichen übertragen! Welche besonderen Stärken haben Sie? Wie können Sie diese in Ihre Arbeit mit den Jugendlichen integrieren?

____

____

____

Reflexion nach den Übungen

Feste Bestandteile des SMS-Trainingsprogramms bilden der regelmäßige Austausch und die Rückmeldungen über Erfahrungen. Die Möglichkeit des Feedbacks bietet den Jugendlichen die Gelegenheit, unterschiedliche Sichtweisen und Perspektiven anderer kennenzulernen sowie eigene Erfahrungen mitzuteilen. Zudem ist es ein Hilfsmittel, anhand dessen Lern- und Gesprächskultur systematisch entwickelt werden kann. Dabei ist es erforderlich, dass sich alle an die gemeinsam erarbeiteten Gesprächs- und Feedbackregeln halten (siehe Trainingsstufe II, Aufgabe 1.2. „Einführung von Gesprächs- und Feedbackregeln“). Zudem kommt der Trainerperson die Funktion eines Modells zu. Über das Verankern von Gesprächs- und Feedback-Regeln hinaus demonstriert er, was diese Regeln konkret bedeuten und wie sie umgesetzt werden können.

Blitzlicht: Rückmeldungsrunde

Am Ende der Übungen soll jeweils eine Rückmeldungsrunde (Blitzlicht) durchgeführt werden. Diese gängige Feedbackform eignet sich beispielsweise nach einer Arbeitsphase für eine freie oder mit ein bis zwei Leitfragen strukturierte Aussprache (Bastian, Combe & Langer, 2005). Dabei bietet das Blitzlicht den idealen Rahmen, um sich die vereinbarten Gesprächs- und Feedbackregeln nachhaltig aneignen zu können. Zudem steht neben der Förderung gemeinsamen Nachdenkens die Verständigung untereinander im Mittelpunkt. In der ersten Phase des Trainings steuert der Trainer die Blitzlichtrunde darum ausgiebiger als im weiteren Verlauf. Bei regelmäßiger Durchführung – wie im Training vorgesehen – werden auch grundlegende Basiskompetenzen für den Umgang mit anderen Menschen, die z. B. wesentlich für effektive Gruppenarbeit sind, erworben und verstärkt. Voraussetzung für das Gelingen ist ein geschützter Rahmen, in dem sich die Beteiligten gegenseitig vertrauen können. Durch gemeinsam getroffene Vereinbarungen wie z. B. Freiwilligkeit als Basis der Äußerungen kann dies gesichert werden. Die bisherigen Erfahrungen zeigen, dass das Blitzlicht auch für die Trainer eine konstruktive Erfahrung ist.

Mögliche Impulse für das Blitzlicht: Jeder darf freiwillig reihum seine Eindrücke, Meinungen etc. äußern und dann evtl. ein gemeinsames Gespräch führen. Für manche Jugendlichen können strukturierte Eindrücke, die evtl. als Wortkarten an die Tafel gehängt werden, hilfreich sein:

- So erging es mir heute bei der Übung.
- Das hat mir bei der Übung besonders gut gefallen.
- Das war mir bei dieser Übung sehr wichtig.
- Das möchte ich heute rückmelden.
- Das hat mir bei der Übung nicht so gut gefallen.
- Aus der Übung kann ich Folgendes mitnehmen: ...

Gesprächsangebote nach den Übungen

Nach nahezu jeder Übung sind Feedbackrunden für kurze Reflexionen der Jugendlichen vorzuschlagen, die den Jugendlichen Raum und Gelegenheit bieten, ihre Eindrücke und Rückmeldungen freiwillig und selbstgesteuert bekunden zu können.

Dem Grundkonzept des SMS-Programms entsprechend sollen die Teilnehmer durch die Übungen ihre individuellen Erfahrungen, Klärungsprozesse, Selbsteinschätzungen und Motivationen herausarbeiten und konturieren können. Solche Gruppengespräche gelten in der Entwicklungsförderung und bei handlungs- und erfahrungsorientierter Arbeit als zentral, um die in den Übungen gewachsenen persönlichen Erfahrungen auch auf einer sprachlichen und kognitiven Ebene zu verankern. Die Person fasst ihr Erleben in Worte. Dies ist für viele Jugendliche und sicher auch Erwachsene manchmal eine große Herausforderung. Nicht immer haben wir Worte für unser Erleben, und häufig helfen uns dann aufmerksame Zuhörer und die von anderen gegebenen Beispiele, wenn diese ihr Erleben beschreiben. So findet die Person vielleicht ihre eigenen Worte und kann so in sich sprachliche Symbole kreieren, die ihr Erleben manifest und nachhaltig werden lässt. Dabei soll auf eine wertneutrale Rückmeldung, im Sinne von „es gibt kein richtig oder falsch“ geachtet werden. Durch die handlungs- und erfahrungsorientierte Arbeitsweise (vgl. Kapitel 2.2) wird bereits während der Aufgabendurchführung eine Verankerung des erworbenen Wissens und Erfahrungen auf mehreren Ebenen (z. B. verbal oder motorisch) ermöglicht. Abwechselnde Sozialformen während der Übungen unterstützen diesen ganzheitlichen Lernprozess zusätzlich.

Freiwilligkeit und Selbststeuerung. Wichtig zu beachten ist, dass die Gesprächsangebote freiwillig sind und vom Trainer nicht forciert werden. Die Möglichkeit zur individuellen Reflexion oder zum ausführlichen Erfahrungsaustausch soll den Jugendlichen angeboten werden; die Entscheidung dies anzunehmen, obliegt der Gruppe selbst. Sofern das Blitzlicht am Ende jeder Aufgabe bzw. die Reflexionen am Ende der Stationen nicht jedes Mal umfassend angenommen werden, soll dies der Trainer akzeptieren und bei der nächsten Gelegenheit das Angebot erneut einbringen. Unsere Ausführungen hierzu sind Empfehlungen, wie diese Prozesse begleitet und unterstützt werden können.

Im Falle eines ausführlicheren Erfahrungsaustausches in Gruppengesprächen soll Jugendlichen dazu verholfen werden, sich zu artikulieren, ihr Erleben in Worte zu fassen, ihre Erfahrungen zu beschreiben, oder auf den Punkt zu bringen, was sich vielleicht geklärt hat. Diese Mitteilungen sollen darum auf keinen Fall bewertet werden. Es sollen auch nicht selektiv einzelne Aspekte besonders gewürdigt werden, die der Trainer vielleicht mit der Übung vermitteln wollte; d. h. dass Äußerungen der Jugendlichen auch nicht interpretiert werden sollten in einer Weise, die pädagogisch nicht sinnvoll ist. Vielmehr sollten die Äußerungen so wertgeschätzt und reflektiert werden, wie sie eben sind. Darin kann für Trainer manchmal eine besondere Schwierigkeit liegen: Insbesondere der Lehrerberuf verlangt beständig ein Weitergeben von vordefinierten Inhalten und auch die Vermittlung von Normen und Werten. Die Reflexion und Vertiefung von Erfahrungen – ohne diese irgendwie modifizieren zu wollen – repräsentiert einen anderen Modus des Arbeitens.

Prinzipien einer personzentrierten Gesprächsmoderation mit der Gruppe. Das SMS-Programm möchte die Jugendlichen auch darin unterstützen, Gruppengespräche, in denen sie ihre Erfahrungen reflektieren, zunehmend selbstgesteuert durchführen zu können. Ein solcher Prozess hat Grenzen. Realistisch ist es aber, eine Atmosphäre in der Gruppe zu verankern, bei der sich die Teilnehmer einander zuhören, sich für den anderen interessieren und sich nicht gegenseitig entwerten. In einer solchen Arbeitsatmosphäre teilen sich die Teilnehmer gerne einander mit und können es genießen, von anderen verstanden und unterstützt zu werden.

Der Trainerperson kommt bei einem solchen Prozess die Funktion eines Modells zu. Über das Verankern von Gesprächs- und Feedback-Regeln hinaus demonstriert der Trainer bei den Reflexionsgesprächen nach den Übungen, was diese Regeln konkret bedeuten und wie sie umgesetzt werden können. In der ersten Phase des Trainings steuert der Trainer die Reflexionsgespräche darum ausgiebiger als im weiteren Verlauf. Die Trainerperson beobachtet, inwieweit die Jugendlichen die Gesprächsregeln annehmen und sich eine immer konstruktivere Gruppenatmosphäre entwickelt – gebenenfalls kann sie sich dabei zunehmend zurückhalten.

Das Gesprächsverhalten der Trainerperson sollte im Wesentlichen den Prinzipien der personzentrierten Gesprächsführung folgen (Weinberger, 2009). Ideal ist es, wenn die Trainerperson eine Ausbildung dazu (oder zumindest Kurse darin) absolviert hat. Eine Kernkompetenz dieser Methode besteht darin, das emotionale Erleben einer Person vertiefend zu reflektieren. Auf diese Weise wird die ihr Erleben explorierende Person darin unterstützt, weitere differenziertere und vertiefte Aspekte ihres Erlebens wahrzunehmen. Dieser Vorgang wird vor allem dann möglich, wenn eine Atmosphäre der bedingungsfreien Wertschätzung das Gespräch trägt.

Günstigerweise könnte die Gesprächsführung von folgenden Interventionen geleitet sein:

Interventionsmöglichkeiten im Gespräch:

- *Initiierung.* Nach dem Vorschlag, sich über das Erfahrene und emotional Erlebte auszutauschen, wartet die Trainerperson auf Mitteilungen der Teilnehmer.
- *Empathische Reflexionen.* Berichte einzelner Teilnehmer werden von der Trainerperson in ihrem emotionalen Gehalt reflektiert: z. B. „Da hast du dich … gefühlt?", „Die Erkenntnis, dass … hat dich erstaunt?", „Das … hat dich verunsichert?" Der Tonfall sollte dabei freundlich, wertschätzend und offen sein und die Aussage wie eine Quasi-Frage mit einem Heben der Stimme am Ende beschlossen werden.
- *Empathische Reflexionen der Gruppe anregen.* Um die Gesprächsführungskompetenzen sukzessive auf die Gruppe zu übergehen zu lassen, kann die Trainerperson zum Beispiel auch mit folgenden Interventionen die Gesprächsdynamik anregen: „Wie habt ihr denn verstanden, wie … das erlebt

hat?", „Hat jemand noch weitere Gefühle bei ... bemerkt?", „Was habt ihr denn verstanden, was das wichtigste Motiv für ... war?" Solche Interventionen ermutigen die Gruppenmitglieder, ihrerseits und gegenseitig Empathie ohne Direktiven, Interpretationen oder Entwertungen zu praktizieren.

- *Zu Erläuterungen anregen.* Der Trainer kann zur Vertiefung einzelne Begriffe oder Themen genauer beschreiben lassen. Zum Beispiel benutzt ein Jugendlicher die Formulierung „das war krass" Intervention: „ –war krass? Welche Sichtweisen könnten noch damit gemeint sein?". Oder „Ich wollte echt nicht, dass sich das auf mich drauf setzt" – Intervention „ – auf mich drauf setzt? – Gibt es noch mehr Worte dafür?". Es ist eine wesentliche und nicht leicht zu lernende Gesprächsführungskompetenz, solche manchmal klein erscheinenden und leicht zu überhörenden sprachlichen Symbole zu bemerken, hinter denen vielleicht bedeutende Erlebenskomplexe liegen. Werden sie durch genaues Zuhören bemerkt und dann konkretisiert, kann die Person oft wesentliche neue Erfahrungen und innere Zusammenhänge explorieren.
- *Episoden.* Nicht selten werden Episoden berichtet. Eine die Exploration vertiefende Intervention könnte lauten: „Wofür steht diese Ausführung?" oder: „Welche Erfahrung von dir macht dies so wichtig für dich?" oder: „Gibt es eine Motivation oder ein Ziel von dir, dass irgendwie in all dem steckt?".
- *Sharing anregen und Diversität vertreten.* Obwohl in der Regel klar ist, dass mehrere Teilnehmer der Gruppe ihre Erfahrungen berichten, und obwohl in den Gesprächsregeln bereits formuliert ist, dass alle erfahrungsbezogenen Mitteilungen nicht richtig oder falsch sein können und nicht entwertet werden dürfen, kann die Trainerperson auch im Prozess selbst dies immer wieder konkret vertreten, indem sie sinngemäß sagt: „Vielleicht gibt es ja auch noch ganz andere Erfahrungen aus dieser Übung, jeder erlebt ja auf seine Weise. Vielleicht ist es wertvoll für viele, all diese unterschiedlichen Sichtweisen und Bedeutungen zu hören."
- *Humor.* Auf Lustiges positiv reagieren, selbst viel lachen, auch das Leichte im Schweren aufnehmen: So wird es noch leichter, persönliche Themen mit anderen zu teilen.

Komplexere Gesprächsmomente, die ein Eingreifen erfordern:

- *Interpretationen.* Ein Gruppenmitglied interpretiert zuviel in das hinein, was jemand sagte. Eingriff des Trainers: Die berichtende Person, die Gegenstand der Interpretation war, fragen: „Hilft dir diese Überlegung, wie fühlt sich diese Erklärung für dich an, kannst du damit was anfangen?"
- *Realitätsdefinitionen.* Ein Gruppenmitglied ist der Meinung, dass man eine Übung oder eine Situation nur in einer bestimmten Weise erleben könne und auf eine bestimmte Weise handeln müsse. Intervention: Immer wieder darauf hinweisen, dass emotionales Erleben, Motivationen, persönliche Werte, Handlungsentwürfe stets individuell persönlicher Natur sind. „Für dich ist es so, für ... ist es so ..."
- *Bewertungen.* Ein Gruppenmitglied bewertet die Mitteilungen des explorierenden Jugendlichen. Intervention: „Das ist ja so etwas wie eine Bewertung. Kannst du sagen, was bei dir zuvor innerlich losging/welche Gefühle in dir lebendig geworden sind?"
- *Feedback-Überflutung.* Die Gruppe ist sehr engagiert und die explorierende Person erhält von mehreren Personen immer wieder andere Feedback-Angebote, ohne dass Pausen dazwischen bleiben, in denen sie nachspüren könnte. Intervention: Die Gruppe stoppen, und: „Da kommen ja jetzt sehr viele Vorschläge und Meinungen, willst du mal nachspüren, was dich davon besonders anspricht, was vor allem bedeutsam ist?"
- *Verletzung, Ärger.* Der explorierende Jugendliche beginnt zu diskutieren, sich zu verteidigen, wird ärgerlich, wird traurig, oder verstummt. In der Regel fühlt sich der Betroffene in einer solchen Situation von den anderen Gruppenmitgliedern oder sogar auch von der Trainerperson missverstanden. Intervention: „Kannst du in Worte fassen, was die anderen/wir nicht verstanden haben?" – „Irgendwas scheinen wir nicht verstanden zu haben, was dich bewegt – kannst du mit deinen Worten sagen, was dieses Wichtige ist, das wir nicht verstanden haben?" Wenn sich die Person hierauf äußert, sollten zunächst zu dieser Äußerung mehrfach empathische Reflexionen erfolgen.
- *Sackgassen.* Das Gespräch geht nicht recht weiter und man ist irgendwie nicht auf den Punkt gekommen. Intervention: „Gibt es etwas, Meinungen oder Beobachtungen von den anderen, die für dich jetzt gut wären? Zu welcher Frage vielleicht?" – „Was wäre jetzt gut für dich?" Nicht selten wünscht die explorierende Person in dieser Situation, den Prozess zu beenden, was als sinnvoll zu erachten ist.

II. Trainingsstufe: Training der Jugendlichen

Einleitende Hinweise

Die Grundidee und der Ablauf der einzelnen Übungen ist in diesem Trainingshandbuch dargestellt, das für die Hand des Trainers bestimmt ist. Zusätzlich werden für viele Übungen OHP-Folien und Arbeitsblätter benötigt. Die Vorlagen für die Folien und Arbeitsblätter befinden sich in Form von PDF-Dateien auf der beiliegenden CD-ROM. Sie können von dort ausgedruckt, vervielfältigt oder auf Folien kopiert werden; sie können aber auch in Präsentationen übernommen werden. Bei der Darstellung der einzelnen Übungen wird jeweils auf das entsprechende Material verwiesen. So bedeutet zum Beispiel der Hinweis „OHP 1.3", dass von der Vorlage 1.3 eine Folie erstellt werden soll, der Hinweis „Arbeitsblatt 3.2" weist darauf hin, dass für alle Schülerinnen und Schüler von der Vorlage 3.2 eine Kopie als Arbeitsblatt vorhanden sein muss. Teilweise ist es auch notwendig, von einer Vorlage sowohl eine Folie als auch die entsprechende Anzahl an Arbeitsblättern anzufertigen. Falls für die Vorlagen eine andere Verwendungsform vorgesehen ist, zum Beispiel ein Plakat zu erstellen, wird in der Übungsbeschreibung explizit darauf hingewiesen.

Die Jugendlichen arbeiten häufig in Gruppen bzw. in Kleingruppen, die nach dem Zufallsprinzip gebildet werden. Hierzu zieht jeder eine Symbolkarte und bildet mit Jugendlichen, welche dieselbe Karte gezogen haben, eine Gruppe (vgl. Vorlage 1.2, die Symbolkarten sollen ausgeschnitten werden).

Zu Beginn jeder Übung befindet sich eine Kurzbeschreibung der Übungen mit einer Darstellung der Intentionen.

In den Vorgehensbeschreibungen werden die im Kasten dargestellten Symbole verwendet.

Hinweis: Außer bei den Blitzlichtrunden sind Reflexionsgespräche über die erlebten Erfahrungen nicht bei jeder Übung vorgesehen, können aber stattfinden. Übungen, bei denen auf jeden Fall ein Erfahrungsaustausch vorgesehen ist, verfügen über entsprechende methodische Impulse und Vorgehensweisen. Solche Gespräche sollten weitgehend den Jugendlichen überlassen werden um ihre Selbstverantwortung zu stärken. Sie können entsprechend der im Anschluss an das Trainer-Training „Reflexion nach den Übungen" dargestellten Vorgehensweise geführt werden.

Legende der Symbole

⧗	Zeitvorgabe
M	Hinweis auf Materialbedarf
🯅	Einzelarbeit
🯅 🯅	Partnerarbeit
🯅 🯅 🯅	Kleingruppe (3 bis 6 Personen)
🯅 ⇔ 🯅 🯅 🯅	Klassengespräch
O	Sitzkreis
🗣	Präsentation

Formulierungsvorschläge für den Trainer sind grau hinterlegt.

♫	Das Ende einer Arbeitsphase: *Kommt nun bitte zum Ende der Aufgabe.*
⌂	Hausaufgabe
ϟ	Blitzlicht: Nach jeder Trainingsaufgabe bekommen die Jugendlichen die Möglichkeit zur kurzen persönlichen Rückmeldung.

Folgende organisatorische Hinweise sind vor der Durchführung der Trainingsstufe II zu beachten:

- Die Schüler legen während der Stationen eine individuelle Dokumentationsmappe, die sogenannte *SMS-Mappe* an, um alle Arbeitsblätter und Materialien abheften zu können. Hierfür stellt die Schule Einhängeheftstreifen oder Schnellhefter zur Verfügung oder die Schüler bringen diese von zu Hause mit.
- Vor jeder Gruppenaufgabe sollen die Schüler mit Hilfe der *Symbolkarten* (diese finden Sie als Vorlage 1.2 auf der beigefügten CD-ROM) in Kleingruppen eingeteilt werden.
- Während des Trainings sollte ein CD-Player im Klassenzimmer vorhanden sein. *Musik* signalisiert das Ende einer Arbeitsphase. Hierzu dürfen die Schüler ihre eigene Musik mitbringen.
- Für Notizen, Bemerkungen oder Rückmeldungen aller Art, welche die Jugendlichen lieber anonym an den Trainer richten möchten, soll zu Beginn des Trainings eine „*Mitteilungsbox*" vorbereitet werden, beispielsweise aus einem Schuhkarton mit einem Schlitz im Deckel.

1. Station: Einführung – Überblick zum Training, Arbeitsweisen, Gesprächsregeln

In der 1. Station werden die Jugendlichen an den Aufbau und Ablauf des Trainings, die Arbeits- und Vorgehensweisen sowie die Ziele herangeführt. Dabei steht jedoch nicht eine detaillierte Beschreibung des Trainings, sondern vielmehr das Wecken von Interesse und Neugierde für die kommenden Trainingseinheiten im Vordergrund. Darüber hinaus wird die SMS-Mappe als Hilfsmittel zur Dokumentation und zum späteren Nachschlagen vorgestellt.

Ein wichtiger Inhalt dieser Station sind die Gesprächs- und Feedbackregeln als besonders wertvolle Grundlage für eine gelingende Trainingsdurchführung. Offenheit gegenüber neuen Erfahrungen sowie Formulierungen von persönlichen Stärken und Schwächen sind den Jugendlichen nur möglich, wenn sie ihre Gedanken frei und ohne wertende Kommentare der Mitschüler äußern können. Selbiges gilt für Feedback: Jugendliche sollen lernen angemessene Rückmeldungen zu geben und diese auch annehmen zu können.

1.1 Zielbeschreibung des Trainings

Überblick:

Der Trainer gibt einen kurzen Überblick über Inhalte und Verlauf des Trainings. Den Jugendlichen bietet sich die Gelegenheit, Fragen bezüglich des Trainingsverlaufs zu stellen. Ziel ist es, durch kleine Einblicke Aufmerksamkeit und Interesse zu wecken, jedoch möglichst wenig über die einzelnen Aufgaben zu verraten.

⌛ ca. 15 Minuten

M OHP 1.1

Information

🯅 ⇔ 🯅 🯅 🯅 Klassengespräch

Die 1. Station beginnt mit einer Einführung des SMS-Trainings:

In den nächsten Wochen führen wir gemeinsam das SMS-Training durch. Ziel des Trainings ist, eure Fähigkeiten und Eigenschaften besser kennen zu lernen. Dazu hilft Selbstreflexion. Wenn ihr euch selbst besser kennt, werdet ihr wahrscheinlich motivierter und ihr könnt eure Pläne bewusster umsetzen. Ihr habt mehr Motivation. Außerdem bekommt ihr die Möglichkeit zu üben, wie ihr euch in bedeutsamen Situationen vorteilhaft präsentieren könnt. Das ist Selbstdarstellung. Selbstreflexion, Motivation und Selbstdarstellung sind wichtig für erfolgreiche Bewerbungen sowie für andere Lebensbereiche, in denen ihr ein konkretes Ziel erreichen möchtet: z. B. bei Freizeitgestaltungen, im Freundeskreis, in der Familie, beim Einkaufen etc.
In den Trainingsstunden werden wir mit verschiedenen Aufgabenformen arbeiten:
Beispielsweise
- Comics und Geschichten unter die Lupe nehmen,
- Rollenspiele, Interviews und Strategiespiele durchführen,
- verschiedene Berufe genauer kennenlernen.
- Und jetzt zum konkreten Trainingsplan.

Der Trainingsplan (vgl. Vorlage 1.1 auf S. 63 und auf der CD-ROM) in Form von kleinen Zeichnungen wird den Jugendlichen auf Folie gezeigt und kommentiert. Ergänzend zu den nachfolgenden Ausführungen kann das Inhaltsverzeichnis des Buches zu Hilfe genommen werden.

Während des Trainings werden wir mehrere Stationen durchlaufen:
- Jetzt befinden wir uns in der „Einführung“. Hier werden wir noch einige Gesprächsregeln einführen (auffrischen), die für das Training grundsätzlich sind.
- Die zweite Station zeigt uns welche Eigenschaften erfolgreiche Menschen haben (Sensibilisierung).
- Anschließend werdet ihr euch selbst erforschen und vielleicht einige Neuigkeiten entdecken (Selbstbegegnung).
- In der Station „Zukunftspläne“ beschäftigen wir uns mit euren beruflichen Vorstellungen.
- Was euch dabei helfen kann, diese Vorstellungen umzusetzen, wird in der nächsten Station „Realisierung“ thematisiert.

- In der Station „Ressourcen" lernt ihr Handlungsmöglichkeiten kennen, die in schwierigen Situationen hilfreich sein können.
- Gegen Ende des Trainings wird es richtig spannend. Noch verrate ich nicht was ihr dort macht. Auf jeden Fall aber könnt ihr zeigen was „in euch steckt".

Hinweis: Auf die genauen Inhalte und auf das Format der dritten Trainingsstufe, das Selbsttraining, soll nicht eingegangen werden. Neben den Aufgaben, die innerhalb jeder Station aufgeführt und der Reihe nach bearbeitet werden sollen, wird an einigen Stellen auf Optionale Aufgaben hingewiesen. Diese finden Sie im Buch im Anschluss an die Station 6 und vor dem Selbsttraining der Jugendlichen (s. S. 142 ff.). Sie können zur Vertiefung, wenn die Jugendlichen noch eine Festigung des Inhaltes benötigen und Interesse an der Thematik zeigen, falls noch Zeit vorhanden sein sollte, oder einfach als Ergänzung durchgeführt werden. Optionale Aufgaben können entweder durchgeführt werden, wenn auf sie verwiesen wird – also während der Trainingsdurchführung – oder direkt zwischen den einzelnen Aufgaben, jeweils zum momentanen Thema passend. Alternativ können alle optionalen Aufgaben als Einschub nach der 6. Station „Ressourcen" und vor dem Selbsttraining bearbeitet werden.

1.2 Einführung von Gesprächs- und Feedbackregeln

Überblick:

Gesprächs- und Feedbackregeln für das Training, die eine effektive Übungsatmosphäre unterstützen, werden eingeführt. Jene sozialen Aspekte stellen einen wichtigen Baustein des Trainingsprogramms dar. Diese Verhaltensregeln sollen einerseits einen reibungslosen Trainingsverlauf gewährleisten, andererseits sollen sie auch auf den Schulalltag (sowie auf außerschulische Bereiche) übertragen werden.

Hinweis: Existieren in der Klasse bereits Gesprächs- und Feedbackregeln, so sollen diese für das Training nochmals gefestigt werden. Hält es der Trainer für erforderlich, die Gesprächs- und Feedbackregeln mit den Jugendlichen zu entwickeln, so kann er entsprechend der *langen Version dieser Aufgabe* (siehe „Optional", Vorlage 7.1) vorgehen. Zusätzlich ist es ratsam, ein Regelplakat im Trainingsraum aufzuhängen, so dass der Trainer jederzeit darauf verweisen kann.

⌛ 15 Minuten

M OHP 1.3 (bitte zusätzlich als großes Regelplakat erstellen), Mitteilungsbox

Erläuterung der Gesprächs- und Feedbackregeln

Klassengespräch

Damit das Training in möglichst angenehmer Atmosphäre für uns alle verlaufen kann, stelle ich euch ein paar Gesprächsregeln vor, an die wir uns alle halten sollten.

Auflegen der Folie 1.3. Das Regelplakat (vgl. S. 65 und CD-ROM) wird anschließend im Klassenzimmer aufgehängt.

Das Abspielen von Musik

Klassengespräch

Das Abspielen von Musik signalisiert euch das Ende einer Arbeitsphase, jeder beendet mit diesem Zeichen seine Aufgabe. Wenn ihr möchtet, könnt ihr nächstes Mal eure eigene Musik mitbringen.

Das Blitzlicht

Klassengespräch

Nach jeder Übung ist ein „Blitzlicht" vorgesehen. Hier bekommt ihr die Möglichkeit eure Gedanken und Erfahrungen mitzuteilen. Wer seine Gedanken nicht vor der ganzen Klasse äußern möchte, darf sie auch aufschreiben und anonym in diese Mitteilungsbox werfen.

1.3 Die SMS-Mappe

Überblick:

Die SMS-Mappe soll für die Jugendlichen eine individuelle Dokumentationsmappe, Tagebuch und Hilfsmittel gleichermaßen sein, in der sie auch nach dem Training immer wieder nachschlagen können.

⌛ ca. 15 Minuten

M „SMS-Titelblatt" (vgl. S. 66 und CD-ROM; für alle Jugendlichen eine Kopie anfertigen), Einhängeheftstreifen bzw. Schnellhefter sowie zwei unbeschriftete weiße Blätter für jeden Jugendlichen

Einführung der SMS-Mappe

🚹 ⇔ 🚹 🚹 🚹 Klassengespräch

Der Trainer erklärt das Ziel der SMS-Mappe und teilt dazu die Hefter aus.

> Während unseres Trainings werden wir mehrere Themen bearbeiten, die ihr aufschreiben, dokumentieren oder kreativ erarbeiten sollt. Damit ihr eure Erkenntnisse auch später immer wieder nachschlagen könnt, legen wir eine sogenannte SMS-Mappe an, in der alle Trainingsunterlagen abgeheftet werden. Zusätzlich sollt ihr auch jeden Tag, wie in einem Tagebuch, eure Erfahrungen aufschreiben. Um den Anfang zu erleichtern, bekommt ihr einen Schnellhefter mit Deckblatt sowie zwei unbeschriftete weiße Blätter für eure persönlichen Notizen.

Individuelle Gestaltung

🚹 Einzelarbeit

Die Jugendlichen dürfen das Deckblatt in der verbleibenden Zeit individuell gestalten.

> In den folgenden 5 bis 10 Minuten dürft ihr das Deckblatt gestalten wie es euch gefällt, mit Namen, Zeichnungen, Sprüchen, etc.

♫ Musik zum Ende der Arbeitsphase

ϟ Blitzlicht

1. Station – Vorlage 1.1

1.1 Trainingsplan	
Einführung Zielbeschreibung des Trainings Einführung von Gesprächs- und Feedbackregeln Die SMS-Mappe	
Sensibilisierung Im Skaterpark Musiker und Sportlerin Die Freunde Kai und Mark Mein eigenes Stärkenblatt	
Selbstbegegnung Selbstportrait Ich-Design Pantomime Double gesucht Deine Schwächen machen dich menschlich	
Zukunftspläne Was ist mir wichtig, was mache ich eigentlich gern? Praxis-Check Nicos Weg! Inventar Mein Zukunftsmodell Mein Plan	

1. Station – Vorlage 1.1

Realisierung „Erika stellt sich vor“ – Comic „... Gesucht“ – Stellenanzeige Talente-Hitliste Auf Stellensuche Machen nur Kleider Leute? Vorbereitung eines Bewerbungssgesprächs Bewerbungsrollenspiel Wir gründen ein Unternehmen Strategie-Map	
Ressourcen Hast du einen Tipp für mich? Du bist einzigartig – ich bin einzigartig! „My name is ...“	
Selbsttraining	
Abschluss	

1. Station – Vorlage 1.3 Einführung von Gesprächs- und Feedbackregeln

Gesprächs- und Feedbackregeln

1. Ich höre meinen Mitschülern zu und lasse sie aussprechen.
2. Ich melde mich, wenn ich etwas sagen möchte.
3. Bei Rückmeldungen benenne ich erst, was ich gut finde und gebe dann Verbesserungsvorschläge.
4. Ich spreche immer in der Ich-Form.
5. Ich begründe meine Aussagen.
6. Ich beleidige niemanden.
7. Ich sage meine Meinung zum Verhalten einer Person und kritisiere nicht die Person an sich.

SMS-Titelblatt

Meine

Selbstreflexion
Motivation
Selbstdarstellung

Mappe

2. Station: Sensibilisierung – Umgang mit Erfolg, Misserfolg und eigenen Kompetenzen

Nachdem die Jugendlichen einen kurzen Einblick in das Training sowie wichtige Rahmenbedingungen und Arbeitsmittel bekommen haben, erfolgt hier nun die erste Auseinandersetzung mit den Trainingsinhalten.

Hierzu ist insbesondere die Aufgabe „Im Skaterpark“ so gewählt, dass die Jugendlichen in Verbindung mit alltäglichen Freizeitsituationen für Stärken, Schwächen, Erfolg und Misserfolg sensibilisiert und motiviert werden. Dabei erfahren sie zudem, dass Erfolgs- oder Misserfolgserlebnisse vor allem von eigenen Fähigkeiten bzw. Anstrengungen abhängen. Auch in den weiteren Aufgaben dieser Station erkennen sie, dass auch eigene Disziplin sowie ein förderndes Umfeld wichtig sind, um Erfolge erzielen zu können. Da sich hier verschiedene Faktoren bedingen, existieren auch mehrere Ansatzmöglichkeiten für den eigenen Weg. Die Jugendlichen werden sich bewusst, dass jeder über individuelle Ressourcen verfügt und diese ebenfalls individuell einsetzen und entfalten kann. Die Möglichkeit, die eigenen Lieblingsstars (neben fiktiven Personen) hinsichtlich ihres Werdeganges und Erfolges genauer unter die Lupe zu nehmen, stellt einen zusätzlichen Anreiz dar.

Kai und Mark, die Protagonisten der Motivationsgeschichte, sind sehr gegensätzlich. Kai, ein engagierter und motivierter Jugendlicher, verfolgt zielstrebig seinen Weg. Sein Freund Mark hingegen hat kein konkretes Ziel und wirkt meist lustlos. Hier sollen die Jugendlichen die Verhaltensweisen der beiden Jungen analysieren und Handlungsalternativen aufzeigen.

In der letzten Aufgabe „Mein eigenes Stärkenblatt“ erfolgt die erste Selbstreflexion hinsichtlich persönlicher Stärken. Hauptaugenmerk liegt jedoch auf der Ergänzung bzw. Erweiterung des Selbstbildes aufgrund von Fremdwahrnehmung durch die anderen Jugendlichen.

2.1 Im Skaterpark

Überblick:

Anhand einer unvollendeten Comic-Geschichte sollen die Jugendlichen erkennen, dass das Erleben von Erfolg und Misserfolg teilweise von ihnen selbst, von ihren individuellen Fähigkeiten bzw. Anstrengungen abhängt. Im Laufe der Übung wird jedoch auch deutlich, dass es wichtig ist zu erkennen, wann Fähigkeiten für eine Aufgabe oder Herausforderung nicht ausreichen. Es soll erarbeitet werden, dass es in derartigen Situationen (1) nützlich sein kann jemanden um Hilfe zu bitten und (2) dass das Selbstwertgefühl geschützt werden kann, wenn akzeptiert wird, was nicht verändert werden kann. Eine abschließende Gesprächsrunde soll dazu beitragen, diese Erkenntnisse auf viele Alltagssituationen der Jugendlichen übertragen zu können.

⌛ ca. 15 Minuten

M OHP und Arbeitsblatt 2.1, Teil 1 und 2

Hinführung zur Thematik, Konfrontation mit dem Comic

Klassengespräch

Der Trainer führt die Aufgabe mit folgenden Sätzen ein:

> Jeder Mensch hat unterschiedliche Fähigkeiten und Stärken, die zum Beispiel im Beruf oder bei einem Hobby entfaltet werden können. Doch was bedeutet diese Aussage? Um eine Antwort darauf zu finden, bekommt ihr alle zuerst einen Comic, bitte schaut ihn euch genau an.

Der Comic auf der Vorlage 2.1 (vgl. S. 72 und CD-ROM) wird an alle Jugendlichen ausgeteilt und als Folie aufgelegt. Im Klassengespräch geben die Jugendlichen mit eigenen Worten wieder, was auf den Bildern zu sehen ist. Diese Vorgehensweise dient einerseits dem Verständnis des Comics, andererseits soll deutlich werden, dass die Geschichte unterschiedlich interpretiert werden kann. Den Jugendlichen wird außerdem auffallen, dass die Geschichte ein offenes Ende aufweist.

- Was ist euch aufgefallen?
- Da das letzte Bild keine Sprechblase hat, ist seine Aussage nicht eindeutig. Wie könnte diese Geschichte beendet werden?

Vervollständigen des Comics

Partnerarbeit

Diskutiert gemeinsam mit eurem Sitznachbarn darüber, was die Personen im Comic möglicherweise denken oder sagen. Vervollständigt bitte den Comic, indem ihr die fehlenden Sprechblasen zeichnet und schriftlich mögliche Aussagen der Personen ergänzt. Ihr habt hierfür ca. 7 Minuten Zeit.

Musik zum Ende der Arbeitsphase

Gemeinsame Besprechung

⇔ Klassengespräch

- Wie habt ihr den Comic erweitert?

Die Ergebnisse werden in der Klasse vorgestellt. Erwartete Antworten sind:

- „Ich bin zu uncool."
- „Das schaffe ich nicht."
- „Ich muss mich mehr anstrengen."
- „Bin wegen meines Versagens bei meinen Kumpels bestimmt abgemeldet."
- „Du hast es nicht drauf."
- „Du musst mehr trainieren."
- „Das nächste Mal klappt es bestimmt besser."
- „Wir helfen dir."

Mit einem abschließenden Gespräch sollen die Erkenntnisse auf die eigene Lebenssituation der Jugendlichen übertragen werden. Mögliche Fragen dazu:

- Wer von euch hat schon einmal eine ähnliche Situation, d. h. in einer Gruppe einen Misserfolg erlebt?
- Denkt an diese konkrete Situation und beschreibt die Reaktionen eurer Freunde oder anderer Personen.
- Was habt ihr selbst gedacht bzw. wie habt ihr euch gefühlt?
- Wie hättet ihr diesen Misserfolgen vorbeugen können? Kann Misserfolgen immer vorgebeugt werden? Wie kann man lernen damit umzugehen?

Blitzlicht

2.2 Musiker und Sportlerin – zwei erfolgreiche Personen

Überblick:
Die Jugendlichen werden darauf vorbereitet, bei den nächsten Aufgaben ihre persönlichen Eigenschaften reflektieren zu können. Zwei Erfolgskonzepte zeigen Zusammenhänge zwischen Leistungen und Fähigkeiten sowie Stärken. Zudem soll die Rolle und Bedeutung eines funktionsfähigen Teams deutlich werden.

ca. 20 Minuten

M OHP und Arbeitsblatt 2.2 und 2.3, Folienstifte, Tafel und Kreide

Erfolge von Musiker und Sportlerin

⇔ Klassengespräch

Der Trainer erklärt, dass es bei den folgenden Aufgaben um das Thema Erfolg und dessen Voraussetzungen geht. In einem kurzen Unterrichtsgespräch wird erarbeitet, dass sowohl die Sportlerin als auch der Musiker ihre Ziele nur erreichen können, weil sie ihre Stärken kennen und diese einsetzen. Mit Folie 2.2 (vgl. S. 74 und CD-ROM) und folgenden Fragen wird ein Unterrichtsgespräch eingeleitet:

Schaut bitte die Bilder an.

- Welche Eigenschaften helfen den beiden Personen, um erfolgreich sein zu können?
- Welche dieser Eigenschaften können wir auch als Stärken bezeichnen?

Während der Trainer die genannten Aspekte auf der Folie notiert, füllen die Jugendlichen ihr Arbeitsblatt 2.2 aus.

Begriffsklärung

Klassengespräch

Wichtiger Aspekt dieser Aufgabe ist die Thematisierung zentraler Begriffe: *Disziplin, Ehrgeiz, Konkurrenz, Ausdauer, Selbstverwirklichung, Verzicht, Selbstvertrauen, Prioritäten setzen.* Falls diese Begriffe von den Jugendlichen nicht angesprochen werden, notiert sie der Trainer an der Tafel und klärt im Klassengespräch ihre Bedeutung und Relevanz für Erfolg.

> An der Tafel habe ich einige Begriffe für euch aufgeschrieben, versucht bitte, sie zu erklären!
> - Weshalb könnten diese Begriffe wichtig sein?
> - Haben sie auch etwas mit dem Erfolg einer Person zu tun?

Während der gemeinsamen Erarbeitung notiert der Trainer sukzessive einige Stichwörter zu jedem Begriff, damit die Jugendlichen im weiteren Verlauf eine Gedankenstütze haben.

Stärken und Unterstützung

Klassengespräch

Im weiteren Gespräch wird thematisiert, dass zur Erlangung von Erfolgen, wie bei der Sportlerin und dem Musiker, häufig die Unterstützung eines zuverlässigen Teams erforderlich ist.

> Jeder hat Stärken, aber nicht alle Menschen sind erfolgreich.
> - Warum konnten der Musiker und die Sportlerin erfolgreich werden?
> - Wer unterstützt einen Musiker?
> - Wer unterstützt eine Sportlerin?

Die hier genannten Personen bzw. Personengruppen werden ebenfalls auf der Folie sowie den Arbeitsblättern notiert. Die Folie könnte anschließend wie in Abbildung 3 dargestellt aussehen.

Musiker	**Sportlerin**
– musikalisch – begabt – diszipliniert – teamfähig – ehrgeizig – hat Freude wenn ein neues Stück klappt – entfaltet sich musikalisch – verfolgt ein Ziel – hat Selbstvertrauen	– sportlich – teamfähig – diszipliniert – erfolgsmotiviert – ehrgeizig – kämpferisch – geht gerne an die körperlichen Grenzen – möchte ein großes Ziel erreichen – setzt Prioritäten
Beide können ihre Ziele nur erreichen, wenn sie ein funktionstüchtiges Team hinter sich stehen haben.	
– Musiklehrer, Orchester – Crew, Produzent – Eltern, Familie, Freunde	– Trainer, – Konkurrenz, Mitspieler – Eltern, Familie, Freunde

Abbildung 3: Darstellung der Stärken – Beispiel

Zeitungsbericht

Klassengespräch

Der Trainer liest das Erfolgserlebnis des Musikers vor (vgl. Zeitungsbericht auf der Vorlage 2.3, S. 75 und CD-ROM). Das Klassenplenum erarbeitet die Erlebnisse und Stärken des Musikers, die sich aus dem Bericht ableiten lassen und schreibt diese auf. Anschließend soll der Trainier an die Wünsche der Jugendlichen anknüpfen.

> Hört euch den folgenden kurzen Zeitungsbericht aufmerksam an:
> - Welche Erlebnisse und Stärken kann man aus dem Bericht heraushören?

Optional: Ergänzend zu dem vorgegebenen Bericht kann jeder Jugendliche seinen Lieblingssportler, -Musiker, -Schriftsteller, -Moderator o.Ä. benennen und in eigener Recherche (Jugendzeitschriften, Fernsehinterviews, Zeitungsartikel, Internetbeiträge u. a.) Aspekte für den Erfolg der jeweiligen Person herausfinden. Wer möchte, kann seine ausgewählte Person anhand eines Plakates in der nachfolgenden Trainingssequenz vorstellen.

- Gibt es für euch Bereiche (Hobby, Unterrichtsfach etc.), in denen ihr auch so erfolgreich sein möchtet?

ϟ Blitzlicht

2.3 Die Freunde Kai und Mark

Überblick:
Ein indirekter Einstieg in das Thema „Motivation“ wird ermöglicht. Anhand der vorliegenden Geschichte soll die Erkenntnis darüber reifen, wie sich unterschiedliche Einstellungen und Herangehensweisen an zu bewältigende Aufgaben auf verschiedene Lebensbereiche auswirken können und zum Nachdenken über eigene Verhaltensweisen anregen. Dazu sollen sich die Jugendlichen mit den motivationalen Eigenheiten der Protagonisten auseinandersetzen, deren Verhaltensweisen argumentativ begründen sowie Handlungsalternativen erarbeiten. Durch den Ideenaustausch innerhalb der Klasse soll das Motivationsrepertoire der Jugendlichen erweitert werden.

⌛ ca. 25 Minuten

M Arbeitsblätter 2.4 und 2.5

Konfrontation mit der Geschichte „Kai und Mark“

⇔ Klassengespräch

Entweder der Trainer oder ein Jugendlicher liest die Geschichte vor, deren Protagonisten zwei Jungen sind (vgl. Vorlage 2.4 auf S. 76 und auf CD-ROM). Anschließend äußert sich das Plenum dazu.

- Ist euch in der Geschichte etwas Ungewöhnliches aufgefallen?
- Was hat euch am Verhalten der Jungen gestört oder imponiert?

Reflexion des Verhaltens

Einzelarbeit

Zur Einzelarbeit bekommt jeder Jugendliche das Arbeitsblatt 2.4:

Lest die Geschichte bitte nochmals durch und markiert dabei jene Textstellen, in denen Aussagen über das Verhalten der beiden Jugendlichen getroffen werden. Verwendet bitte zwei Farben. Beispielsweise grün für das Verhalten, welches ihr gut und rot, welches ihr eher ungünstig findet. Ihr habt 8 Minuten Zeit.

♫ Musik zum Ende der Arbeitsphase

Vorschläge für Mark

Partnerarbeit

Bearbeitung des Arbeitsblattes 2.5 (vgl. S. 77 und CD-ROM) in Kleingruppen.

Schreibt auf das Arbeitsblatt bitte gemeinsam in euren Kleingruppen Vorschläge für Mark. Ihr habt 8 Minuten Zeit.

♫ Musik zum Ende der Arbeitsphase

Ergebnissicherung

⇔ Klassengespräch

Kurze Besprechung der „Ergebnisse“ im Plenum

ϟ Blitzlicht

2.4 Mein eigenes Stärkenblatt

Überblick:
Anknüpfend an die Beispiele der vorherigen Aufgaben soll bei dieser Übung eine explizite Selbstreflexion der Jugendlichen über eigene Stärken stattfinden. Dabei können sie eine Bestätigung für ihre individuellen persönlichen Einschätzungen erhalten und erkennen, dass andere Menschen manchmal andere Facetten an

ihnen entdecken als sie selbst. Eine Unterscheidung zwischen Selbst- und Fremdwahrnehmung sowie die Ergänzung des Selbstbildes wird ermöglicht.

⌛ ca. 25 Minuten

M Arbeitsblatt 2.6

Mein eigenes Erfolgserlebnis/Hobby

Einzelarbeit

Einleitende Frage des Trainers, weshalb Erfolge wichtig sind:

- Weshalb sind Erfolge wichtig?

Es wird darauf hingearbeitet, dass die Jugendlichen eigene Erfolge erkennen, dass sie positive Rückmeldungen für eigene Stärken, Anstrengungen, Investitionen zur Erreichung eines Ziels sind. Sie sollen sehen, dass Erfolge wichtig sind für den Eindruck und die Bewertung, die man von sich selbst hat.

Das Arbeitsblatt 2.6 (vgl. S. 78 und CD-ROM) wird ausgeteilt:

Ihr sollt jetzt an ein eigenes Erfolgserlebnis oder Hobby denken – so ähnlich wie wir es bei dem Musiker bzw. bei Kai und Mark kennengelernt haben. Das kann aber auch etwas Kleines oder sehr Persönliches sein. Bitte notiert dies auf der linken Seite des Arbeitsblattes. Dann überlegt ihr euch jene Stärken, die sich aus diesem Erfolgserlebnis oder Hobby ergeben, bzw. die diesen Erfolg ermöglicht haben. Schreibt diese auf die rechte Seite. Dafür habt ihr 10 Minuten Zeit.

♫ Musik zum Ende der Arbeitsphase

Jeder hat Stärken

Kleingruppenarbeit

Es werden Kleingruppen gebildet und die Gruppenarbeit eingeleitet:

In der Gruppe stellt jeder von euch sein Erfolgserlebnis/ Hobby und die dazugehörigen Stärken vor. Nach jeder Kurzpräsentation sprecht ihr in eurer Kleingruppe darüber, gebt euch kritische, aber konstruktive Rückmeldungen und fügt auch Ergänzungen hinzu. Ihr habt 15 Minuten Zeit.

♫ Musik zum Ende der Arbeitsphase

ϟ Blitzlicht

⌂ Hausaufgabe: Die Jugendlichen sollen für die nächste Doppelstunde Fotos von sich sowie von ihren Familie mitbringen. Dies können Portraitfotos oder aber ganz normale andere Fotos (aus dem Alltag, Urlaub, Familienfeiern, Hobbys etc.) sein. Ebenso sollen sie alte Modejournale und Zeitschriften mitbringen.

2. Station – Vorlage 2.1

2.1 Im Skaterpark – Teil 1

2. Station – Vorlage 2.1

2.1 Im Skaterpark – Teil 2

2. Station – Vorlage 2.2

2.2 Musiker und Sportlerin – zwei erfolgreiche Personen

© Alessandro Laporta – Fotolia.com

© Albert Schleich – Fotolia.com

Förderliche Eigenschaften eines Musikers:

Förderliche Eigenschaften einer Sportlerin:

2. Station – Vorlage 2.3

2.3 Erfolgserlebnis – Musiker

Zeitungsbericht

Der zuletzt kometenhaft aufgestiegene Gitarrist Martin Maier erlebte gestern wohl einen seiner erfolgreichsten Auftritte. Vor tausenden begeisterter Menschen gab der ehrgeizige Musiker ein perfekt vorbereitetes Konzert in der Rosenheimer Stadthalle.
Dies war nicht zu erwarten, so der Veranstalter, weil ja am selben Abend noch ein anderes ebenso attraktives Konzert stattfand. „Das Konzert hat mir so richtig Spaß gemacht", so Maier auf der anschließenden Pressekonferenz. „Es hat sich wirklich gelohnt all die langen Jahre so viel zu üben und immer an den großen Traum zu glauben.
Die vielen Menschen waren unglaublich und haben mich noch mehr motiviert. Ich habe noch nie etwas Vergleichbares erlebt. Es war ein tolles Gefühl zu erleben, wie meine Musik die Menschen begeistern kann", schwärmte er nach seinem Auftritt.

Erfolgserlebnis des Musikers

____

____

____

____

____

Stärken des Musikers

____

____

____

____

2. Station – Vorlage 2.4

2.4 Die Freunde Kai und Mark

Geschichte

Kai (16) und Mark (16) sind seit dem Kindergarten die besten Freunde. Seit einigen Monaten hat jeder eine Lehrstelle; Mark in einer Konditorei und Kai in einer Gärtnerei. In ihrer Freizeit unternehmen sie weiterhin sehr viel gemeinsam. Meistens ruft Kai seinen Freund an, oder schreibt ihm eine SMS. Schon immer hat Kai ihre Unternehmungen und Treffen initiiert. Nicht, dass sich Mark nicht mit Kai treffen wollte – ganz im Gegenteil, er ist sogar sein einziger Freund. Aber Mark ist es viel zu umständlich, zum Handy zu greifen. Überhaupt ist Mark schon immer ganz anders gewesen als Kai: In der Schule war er zum Leid seiner Eltern und Lehrer wenig aktiv. Mit etwas Engagement hätte er den Realschulabschluss machen können, dies war ihm jedoch zu umständlich. Zu Hausaufgaben, Klassenarbeitsvorbereitungen oder Klassenprojekten hatte er nie Lust. Jeden Nachmittag kam Marks Mutter mindestens dreimal in sein Zimmer, um zu prüfen, ob er nicht endlich mit seinen Hausaufgaben begonnen hatte. Ebenso war es mit der Suche nach einer geeigneten Lehrstelle. Mark wusste lange nicht, welcher Beruf ihm Spaß machen würde. Er verließ sich auf seine Eltern. Über viele Gespräche erfuhr sein Vater von der freien Lehrstelle beim Konditor.

Kai kann seinen Freund Mark nicht verstehen. Warum verhält er sich so merkwürdig und immer lustlos? War ihm seine Zukunft vielleicht nicht wichtig? Kai war in der Schule immer sehr engagiert, arbeitete eifrig mit und wurde immer zum Klassensprecher später auch zum Schulsprecher gewählt. Schon in der 8. Klasse war er überzeugt, dass er unbedingt eine Lehrstelle bei einem Gärtner finden wollte. Dank eines Ferienjobs hatte er Kontakte zu einem Gärtner und bekam seine Traumlehrstelle. Außerhalb von Schule und Berufsalltag geht Kai vielen Aktivitäten nach: Er ist im Sportverein, trägt zweimal in der Woche Zeitungen aus, kauft für seine Großmutter ein und kümmert sich ab und an um seinen kleinen Cousin.

2. Station – Vorlage 2.5

2.5 Tipps für Kai und Mark

Diskutiert in Kleingruppen:

- Welche Textstellen habt ihr unterstrichen und warum?
- Sucht eine Begründung, weshalb das jeweilige Verhalten gut/nicht so gut ist.
- Bietet Mark Vorschläge an, was er besser machen könnte und vor allem wie!!

2. Station – Vorlage 2.6

2.6 Mein eigenes Stärkenblatt

Mein Erfolgserlebnis	Meine Stärken

Ergänzung der Gruppenmitglieder:

3. Station: Selbstbegegnung – situationsadäquate Selbstdarstellung und Wirkung auf andere

In der Station „Selbstbegegnung“ erfahren die Jugendlichen, wie ihr Aussehen, Verhalten, Mimik und Gestik, Auftreten, Stand und Haltung, Sprache, Selbstbeherrschung und Reaktionsvermögen das Bild bestimmen, das andere sich von ihnen machen.

In den Übungen Selbstportrait und Ich-Design werden in einem ästhetisch gestaltenden Selbstdarstellungsprozess die lebensgeschichtlichen Veränderungen einer Person von der Kindheit bis zum Jugendalter thematisiert. Hier geht es um das *Selbstbild*. Explorativ und auch kreativ experimentieren die Jugendlichen mit ihren Selbstdarstellungswünschen, nehmen sich selbstbewusster wahr und reflektieren ihre Bedürfnisse. Der lebensgeschichtliche Blick eignet sich dabei sehr, um eigene Wünsche bei der geschlechtstypisierenden Entwicklung wahrzunehmen und zu reflektieren: Wie sehen die eigenen Wunschbilder und Rollenerwartungen aus? Welche individuellen Vorstellungen über die eigene Rolle in der Gesellschaft möchten die Jugendlichen entwickeln? Ferner experimentieren die Jugendlichen aktiv mittels erscheinungsbasierten Interaktionsformen mit ihrer Selbstdarstellung und erfahren dabei, wie durch Kleidung, Outfit, Schmuck, Kosmetik und Frisur verschiedene Facetten der eigenen Person herausgestellt werden können. Diese gestalterische Exploration soll eine intensive Auseinandersetzung mit dem Selbst fördern. Die Jugendlichen erleben in den Übungen bewusst, dass sie ein Bild von sich abgeben. Ein gutes? Oder ein schlechtes? Entsprechend werden sie wahrgenommen. Über die Rückmeldungen der anderen erleben sie aber auch, wie sie ihr Auftreten gestalten und optimieren können. Eigene Perspektivwechsel und Rückmeldungen anderer können Divergenzen in der Selbst- und Fremdwahrnehmung abbauen. Aus diesen Gründen erfahren Übungen und Lernanlässe zur Selbstwahrnehmung und zur Selbstreflexion besondere Aufmerksamkeit in diesem Training. Sie bilden eine bedeutende, manchmal zu wenig beachtete Voraussetzung für hinreichende Selbstsicherheit und Stress-Resilienz von Jugendlichen.

3.1 Selbstportrait

Überblick:
Das Aussehen und die Verhaltensweisen Jugendlicher werden über Selbst- und Fremdwahrnehmung exploriert, um die Selbsteinschätzung, eigene Empfindungen, Anschauungen und Rollenwünsche zu klären. Dies geschieht in kreativen Übungen und über Reflexionsübungen, in denen Jugendliche mit Selbstdarstellungsformen experimentieren, über Rollenerwartungen diskutieren, die sie mit ihren eigenen Selbstdarstellungswünschen verbinden. Divergenzen zwischen dem Selbstbild und der Wahrnehmung anderer werden thematisiert.

⌛ 1. bis 3. Sequenz ca. 45 Minuten, 4. Sequenz (Hausaufgabe) ca. 90 Minuten, 5. Sequenz ca. 35 Minuten

M OHP und Arbeitsblatt 3.1 (zwei Seiten), Digitalkameras (die von zu Hause mitgebracht werden), Modejournale, Zeitschriften aller Art, Scheren und Klebstoff, Softball, DIN A4-Blätter, für jeden Jugendlichen eine Kreide sowie Magnet oder Klebepunkt

Selbsteinschätzung

🚹 Einzelarbeit

⌛ ca. 5 Minuten

Um die Selbstreflexionsfähigkeit der Jugendlichen hinsichtlich ihrer Empfindungen und Selbsteinschätzung anzuregen, sollen sie zu Beginn der Sequenz ihre besonderen Eigenschaften aufschreiben und die subjektive Ausprägung ihrer Wunscheigenschaft auf einer Skalierung angeben. Dazu wird Arbeitsblatt 3.1 (vgl. Aufgabe 1–3 und Vorlage auf S. 87 sowie CD-ROM) ausgeteilt.

Manchmal kennt man seine persönlichen Eigenschaften und Besonderheiten noch nicht genau. Es kann auch vorkommen, dass man Eigenschaften bei anderen beobachtet, über die man selbst gerne verfügen würde.
Wahrscheinlich hat jeder schon erlebt, dass er von anderen Menschen nicht so eingeschätzt wurde, wie er selbst angenommen und vielleicht gehofft hat. Bei den folgenden Aufgaben werden wir mehr darüber erfahren, woran dies liegen kann. Einige Eigenschaften, wie z. B. die Körpergröße, sind offensichtlich, doch wie ist es mit Charaktereigenschaften, wie zum Beispiel: Eitelkeit, Neugierde, Ehrgeiz u. a.

- Kannst du weitere Beispiele für solche inneren Eigenschaften nennen?
- Wer in deinem persönlichen Umfeld kennt dich wohl am besten?
- Was würde diese Person sagen, wie du bist und welche Besonderheiten du hast?
- Wie möchtest du denn sein? Welche Eigenschaft hättest du gerne?

Trage auf der Skalierung im Arbeitsblatt 3.1 ein, ob und wie diese Eigenschaft deiner Meinung nach schon ausgeprägt ist. Überlege dir dann, wie du diese Eigenschaft noch ausbauen könntest. Denke dabei an Personen in deinem persönlichen Umfeld, die über diese Eigenschaft deiner Meinung nach schon verfügen.

- Was machen diese Personen anders?
- Trage auf deinem Arbeitsblatt ein, wie du in nächster Zeit an der gewünschten Eigenschaft arbeiten willst.
- Wie werden die Personen in deinem persönlichen Umfeld merken, dass du dich verändert hast?

♫ Musik zum Ende der Arbeitsphase

Fotos aus Zeitschriften

Partnerarbeit

⌛ ca. 20 Minuten

Austeilen der Zeitschriften. Die Auswahl der Portraitbilder aus den Zeitschriften kann von den Jugendlichen auch als Hausaufgabe vorbereitet und in den Unterricht mitgebracht werden.

Sucht in Partnerarbeit in den Zeitschriften Portraitbilder aus, die ihr besonders interessant findet. Wählt die Personen auf den Bildern nach Kriterien wie Kleidung, Mimik, Outfit etc. aus. Überlegt anschließend gemeinsam, welchen Beruf die Personen haben könnten. Für diese Aufgabe habt ihr etwa 15 Minuten Zeit!

Ein Tafelanschrieb kann als Gedächtnisstütze für diese Aufgabenstellung dienen:

- Schneide ein Portraitbild, das dir gefällt, aus und klebe es auf das Arbeitsblatt 3.1 (vgl. Aufgabe 7).
- Welchen Beruf hat diese Person? Begründe deine Einschätzung!

♫ Musik zum Ende der Arbeitsphase

Reflexion der Ergebnisse

O Sitzkreis

⌛ ca. 20 Minuten

Die Jugendlichen setzen sich in einen Sitzkreis und legen ihre Blätter in die Kreismitte. Durch Zuwerfen des Softballs wird festgelegt, wer an der Reihe ist. Jeder kann zwei bis drei Begründungen zu seinem Bild und seiner Bildauswahl nennen.

- Warum habt ihr dieses Bild ausgewählt? Überlegt euch, wie beispielsweise eure Eltern oder eure besten Freunde begründen würden, weshalb ihr gerade diese Person auf dem Bild ausgewählt habt.
- Welchen Beruf haben die Personen vermutlich? Woran erkennst du das, welche Zeichen sagen dir das?
- Was hat dieses Bild mit dir selbst zu tun?
- Wird dir der Ball zugeworfen, bist du an der Reihe.

Die Jugendlichen heften am Ende dieser Sequenz ihre Arbeitsblätter in der SMS-Mappe ab.

ϟ Blitzlicht

⌂ Hausaufgabe: Die Jugendlichen fotografieren sich gegenseitig. Der Trainer stellt hierfür die einzelnen Arbeitsschritte vor und weist auf erforderliches Material hin.

Erstellt von euch selbst zwei bis drei Portraitfotos durch gegenseitiges Fotografieren mit einer Digitalkamera. Macht euch zuvor Gedanken über eure persönlichen Besonderheiten und ver-

sucht diese über Accessoires (Gürtel, Schmuck, Taschen etc.), Kleidung, Schminke, Frisur zu unterstreichen. Zum Beispiel: „Ich mit meiner Lieblingssonnenbrille, meinem neuen Kleid“ (Tasche, Kette etc.). Ihr könnt euch beispielsweise von vorne, von der Seite, kess, verspielt, komisch etc. fotografieren. Achtet dabei auch auf typisch männliche und weibliche Selbstdarstellung.
Bitte sendet mir die Bilder per Mail zu oder bringt sie in die nächste Trainingsstunde ausgedruckt mit, um gemeinsam über die Fotos sprechen zu können.

Einteilung der Gruppen

- Wer von euch kann/ darf eine Digitalkamera mitbringen?
- In welcher Gruppe möchtet ihr arbeiten?
- Denkt daran, dass es praktisch ist, mit Schülern in der Nähe eures Wohnorts eine Gruppe zu bilden. Vereinbart nun bitte einen geeigneten Nachmittagstermin mit eurer Gruppe, damit wir die Fotos in der nächsten Trainingssequenz vorliegen haben.

Eine Tabelle an der Tafel oder auf einer Folie kann für die Einteilung der Gruppen hilfreich sein.

Eine Digitalkamera hat:				
Gruppe:				

Folgesequenz: Präsentation und Einschätzung der Fotos

🚹 ⇔ 🚹 🚹 🚹 Klassengespräch

⌛ ca. 25 Minuten

Die Fotos werden an Präsentationswänden oder an der Tafel so fixiert, dass für Markierungen genügend Platz bleibt. Die Jugendlichen stimmen über die ausgedruckten Portraitfotos ab.

Zuerst schauen wir alle Fotos ohne sie zu kommentieren an. Ohne mit den anderen zu sprechen, wählt jeder ein Foto für jeden Jugendlichen aus, auf dem derjenige aus eurer Sicht am besten dargestellt ist. Zum Beispiel, weil er am besten, am schönsten, am authentischsten, am interessantesten abgebildet ist. Ihr markiert diese Fotos mit einem Kreuzchen/Magnet oder Klebepunkt. Hierfür nehmen wir uns 10 Minuten Zeit.

♫ Musik zum Ende der Arbeitsphase

Jetzt darf sich jeder zu seinem eigenen Foto, das die meisten Punkte erhalten hat, äußern. Versucht dabei die Auswahl der Mitschüler zu begründen. Zum Beispiel „Ich glaube, dass hier am besten meine temperamentvolle Persönlichkeit zum Ausdruck kommt.“

Selbsteinschätzung

🚹 Einzelarbeit

⌛ ca. 10 Minuten

Die Jugendlichen heften am Ende dieser Sequenz ihre Fotos in der SMS-Mappe ab und schätzen nun abschließend auf der Skalierung (vgl. Aufgabe 8 und 9) ihre Verhaltensmerkmale erneut ein.

Klebt nun das meist bepunktete Foto auf das Arbeitsblatt 3.1 und schreibt dazu, weshalb es von den anderen ausgewählt wurde. Bis auf ein Foto – dies benötigen wir in der Folgeübung – könnt ihr die restlichen in der SMS-Mappe abheften.

ϟ Blitzlicht

⌂ Hausaufgabe: Die Jugendlichen werden darauf aufmerksam gemacht, ein oder zwei Fotos aus ihrer Kindheit sowie Familienfotos mitzubringen. Der Trainer weist darauf hin, dass die Fotos kopiert werden, damit die Originale wieder unbeschadet nach Hause mitgenommen werden können. Das nicht eingeklebte und abgeheftete Foto wird in der Folgestunde erneut benötigt.

3.2 Ich-Design (Wirklichkeits- und Möglichkeitskonstruktionen)

Überblick:

Über die Betrachtung von mitgebrachten Fotos reflektieren die Jugendlichen über ihre bisherige Entwicklung. Anhand einer selbst gestalteten Dokumentation und der Auseinandersetzung damit können sie weitere Aspekte ihres Selbst- und Wunschbildes kennenlernen. Es werden mögliche Divergenzen zwischen dem realistischen Selbstbild und dem Wunschbild thematisiert. Über zirkuläre Fragen werden verschiedene Außenperspektiven mit den Erwartungen der Jugendlichen verglichen. Weiter sollen Möglichkeiten in den Blick gerückt werden, wie die Jugendlichen daran arbeiten können.

⌛ ca. 80 Minuten

M Mitgebrachte Fotos, von denen der Trainer Kopien erstellt, Fotos der vorangegangenen Stunde, schwarzes Tonpapier oder weißes DIN A3-Papier, Klebstoff, Scheren, evtl. schwarze Fineliner, Zeitschriften, Pinnadeln oder Magnete, Klebepunkte

Mitgebrachte Fotos sichten

O Sitzkreis

⌛ ca. 15 Minuten

Alle mitgebrachten Fotos werden im Inneren des Sitzkreises ausgelegt und von dem jeweiligen Jugendlichen (Protagonist) im Hinblick auf Alter, Kleidung, Familie, Wohnung u. a. selbst beschrieben. Sofern das notwendige Bildmaterial vorhanden ist, wird zudem die Veränderung der Jugendlichen im Laufe der Zeit thematisiert.

> Beschreibt euch selbst und evtl. die anderen Personen auf den Fotos. Vergleicht dabei, wie ihr euch verändert habt, z. B. nach Alter, Outfit oder wie euer Zimmer aussieht.

Anfertigen einer Dokumentation

🚹 Einzelarbeit

⌛ ca. 25 Minuten

Die Jugendlichen sollen aus den mitgebrachten Materialien eine dreiteilige Dokumentation (früher, jetzt und zukünftig) über ihr Aussehen, ihre persönlichen Eigenschaften und ihr Umfeld fertigen. Der Trainer achtet hier insbesondere darauf, dass sich die Jugendlichen nicht als Monstermenschen, Vampire etc. verunstalten und unterbindet dies gegebenenfalls.

> Nehmt bitte die Fotos (bzw. Fotokopien) und Zeitschriften. Fertigt damit eine dreiteilige Dokumentation. Hierfür unterteilt ihr das DIN A3-Blatt in drei Teile. In die Mitte klebt ihr ein ausgewähltes Foto aus der Gegenwart, das Foto aus der letzten Stunde. Die Mitte zeigt also eure Entwicklung bis heute, eure jetzigen Eigenschaften, Aussehen und Vorlieben auf. Links bringt ihr ein Foto aus der Vergangenheit an. Auf der rechten Seite des Blattes sollt ihr in die Zukunft blicken, wie bzw. wo ihr in einigen Jahren sein wollt, d. h. wie ihr ausseht, wie ihr leben möchtet. Rechts soll also ein Wunschbild stehen. Die Kopien und Ausdrucke der Fotos dürft ihr verändern, reinzeichnen und durch Elemente, die ihr in Zeitschriften findet, ergänzen. Kreative Zeichnungen sind erlaubt, aber keine unsinnigen Verfremdungen, z. B. zu Monstermenschen oder Fantasiefiguren. Ihr habt für diese Aufgabe 25 Minuten Zeit.

♫ Musik zum Ende der Arbeitsphase

„Auswahl" der Dokumentationen

🚹 Einzelarbeit

⌛ ca. 15 Minuten

Die entstandenen Arbeiten werden im Klassenzimmer aufgehängt und unter folgenden Fragestellungen gesichtet:

- Welche der Dokumentationen sind sehr eindrucksvoll und warum?
- Wer will sich in der Zukunft stark verändern, wer überhaupt nicht?

> Hängt alle Dokumentationen an der Pinnwand auf und betrachtet sie anschließend. Bitte wählt diejenigen aus, die für euch in irgendeiner Weise eindrucksvoll sind.
> - Was ist auffällig?
> - Wer will sich in Zukunft verändern?
> - Wer möchte sich nicht verändern?

- Anschließend besprechen wir eure Arbeiten vor der Pinnwand.

♬ Musik zum Ende der Arbeitsphase

Abschlussgespräch

🚹 ⇔ 🚹 🚹 🚹 Klassengespräch

⌛ ca. 25 Minuten

In der Schlussreflexion werden zunächst die ausgewählten, danach alle anderen Dokumentationen besprochen. Im Gespräch soll diskutiert werden, wie realistisch die Zukunftsvorstellungen sind und wie die Jugendlichen hinsichtlich ihrer Erfüllung an sich selbst arbeiten können. Unterstützung bieten folgende Impulse:

- Wie siehst du dich jetzt, wie möchtest du werden? Warum? Wie ist dieser Wunsch entstanden?
- Wer weiß in deinem persönlichen Umfeld, wie du sein und leben möchtest und was denken diese Menschen über deine Wünsche?
- Was würden sie sagen, was du tun müsstest, um dir diesen „Wunsch" zu erfüllen?
- Was möchtest du dafür tun, um deine Vorstellung zu erreichen?

ϟ Blitzlicht

⌂ Hausaufgabe: Die Jugendlichen bringen blickdichte Seidenstrümpfe oder Skimützen, Taschenspiegel und Kompaktpuder – sofern sie solchen besitzen – zur nächsten Trainingseinheit mit.

3.3 Pantomime

Überblick:

Mit dieser Übung soll Sensibilität für die Selbstdarstellung – im Hinblick auf den gezielten Einsatz von nonverbalen Signalen geschaffen werden. Den Jugendlichen soll bewusst werden, dass die Steuerung der Körpersprache oft schwierig ist. Anderseits erkennen sie, dass man sich über bewusste Verwendung der Mimik und Gestik auch sehr effektiv ausdrücken kann. Darüber hinaus kann über den Ausdruck von Einstellungen und Gefühlen die Selbstwahrnehmung und das Körpergefühl sensibilisiert werden. Hierdurch wird das Bewusstsein über sich selbst gestärkt und es können Reflexionen eingeleitet werden, wie die eigene Selbstdarstellung durch Frisuren, Accessoires und Kleidung sowohl positiv als auch negativ beeinflusst werden kann.

⌛ ca. 60 Minuten

M Arbeitsblatt 3.2 ausschneiden (jede Kleingruppe benötigt einen Satz ausgeschnittener Kärtchen), Kreide, blickdichte Strümpfe oder Skimützen um Masken herausschneiden zu können, Scheren, Taschenspiegel, evtl. hellen Kompaktpuder und Papiertücher, Beamer, Laptop, Digitalkamera

Vorbereitung der pantomimischen Übung

🚹 🚹 🚹 Kleingruppenarbeit

⌛ ca. 10 Minuten

Die Jugendlichen werden in Gruppen zu je vier Personen eingeteilt; der Trainer leitet die Aufgabe mit der Ankündigung eines Experiments ein. Nachdem die Aufgabe erklärt und Scheren ausgeteilt wurden, holen die Jugendlichen ihre mitgebrachten Strümpfe oder Skimützen hervor.

Zieht euch die Skimützen oder die blickdichten Strümpfe über den Kopf und macht euer Gesicht durch Kreidekennzeichnungen auf dem Strumpf deutlich. Anschließend zieht ihr die Strümpfe wieder aus und schneidet die markierte Stelle aus. Das hierbei entstandene Loch im Strumpf müsste der Größe eures Gesichts entsprechen. Wer keine Mütze oder Strumpf dabei hat, bindet seine Haare streng zusammen. Damit die Mimik eures Gesichts bei der Übung voll zur Geltung kommen kann, nehmt ihr auffällige Schminke mit einem Papiertuch ab. Unterstützt euch bei diesen Vorbereitungen gegenseitig! Ihr habt ca. 10 Minuten Zeit.

♬ Musik zum Ende der Arbeitsphase

Fotografieren von Gesichtsausdrücken

🚶 🚶 🚶 Kleingruppenarbeit

⏳ ca. 25 Minuten

Wenn alle Vorbereitungen getroffen sind, erläutert der Trainer den weiteren Verlauf der Übung:

> Fotografiert mit der Digitalkamera bitte die Mimik und Gestik der einzelnen Gruppenmitglieder mit dem Strumpf/der Mütze. Jede Gruppe erhält jetzt auf Kärtchen (vgl. Vorlage 3.2 auf S. 89 und auf CD-ROM) Eigenschafts- bzw. Gefühlswörter für Gesichtsausdrücke, die gezeigt und fotografiert werden sollen. Die Fotos werden anschließend begutachtet. Für diese Übung habt ihr 25 Minuten Zeit.

♫ Musik zum Ende der Arbeitsphase

Präsentation und Reflexion der Fotos

🚶 ⇔ 🚶 🚶 🚶 Klassengespräch

⏳ ca. 15 Minuten

In der Fortsetzung der Aufgabe werden die Fotos der einzelnen Gruppen mithilfe eines Beamers oder als Ausdruck präsentiert. Die Organisation dieser Übung obliegt dem Trainer. Sofern kein Beamer an der Schule zur Verfügung steht, werden die Fotos vom Trainer oder den Jugendlichen ausgedruckt. Unter dieser Voraussetzung kann die Trainingssequenz erst zu einem späteren Zeitpunkt weitergeführt werden.

> Ich zeige euch nun die einzelnen Fotos und ihr sollt erraten, welches Gefühl bzw. Einstellung (innere Haltung) durch diesen Gesichtsausdruck möglicherweise dargestellt wird. Nachher verrät der „Akteur" seine Vorgabe. Wenn die Gesichtsausdrücke nicht richtig erkannt wurden, könnt ihr kleine Tipps geben, wie sich das Gesicht „verändern" müsste. Überlegt euch auch, wie andere Frisuren, Kleidung und Accessoires die Selbstdarstellung verändern könnten. Achtet dabei auf die Gesprächsregeln!

Pantomimische Darstellungen

🚶 🚶 🚶 Kleingruppenarbeit

⏳ ca. 10 Minuten

Erneutes Treffen in den einzelnen Kleingruppen. Die Jugendlichen üben die pantomimische Darstellung von Gefühlen (vgl. Vorlage 3.2) aber jetzt ohne Strümpfe.

> Übt jetzt in Kleingruppen die pantomimische Darstellung (Mimik und Gestik) der Gefühle (auf den Kärtchen), ohne Strümpfe. Anschließend dürfen 3 bis 4 Freiwillige ihre Darstellung vor der ganzen Klasse zeigen.

♫ Musik zum Ende der Arbeitsphase

ϟ Blitzlicht

3.4 Double gesucht

Überblick:
Persönliche Stärken, auch Schwächen und Verhaltensweisen werden im Austausch mit anderen „gesammelt". Dabei lernen die Jugendlichen unter anderem auch, die Äußerungen anderer objektiv zu betrachten und diese zu respektieren. Durch die gegenseitigen Beschreibungen vor der Klasse soll die Selbstakzeptanz sowie die Akzeptanz der Einzelnen im Klassenverband gefördert werden.

⏳ ca. 30 Minuten

M Arbeitsblatt 3.3

Double gesucht

🚶 Einzelarbeit

Einleitung der Aufgabe mit der Frage, ob jemand schon einmal eine andere Person gedoubelt hat. In einem Klassengespräch wird kurz darüber gesprochen, was bei solchen „Aktionen" zu beachten ist:

> Stellt euch vor, ihr möchtet morgen früh nicht zur Schule gehen. Ihr kennt aber jemanden, der euch sehr ähnlich sieht und „doubeln" könnte. Allerdings muss diese Person wissen, wie sie sich an

eurer Stelle in bestimmten Situationen verhalten soll. Was ist typisch für euch? Damit das Double euch einen ganzen Tag vertreten kann – müsst ihr ihm möglichst vieles über eure positiven wie negativen Gewohnheiten, Eigenschaften sowie euren Umgang mit anderen beschreiben. Füllt hierfür diesen Double-Profilfragebogen aus. Dazu habt ihr 12 Minuten Zeit.

Das Arbeitsblatt 3.3 (vgl. S. 90 und CD-ROM) wird ausgeteilt.

♬ Musik zum Ende der Arbeitsphase

Besprechen des Double-Profilbogens

Partnerarbeit

Die Aufgabe wird in Partnerarbeit fortgesetzt. Der Trainer betont, dass die Ergänzungen zum Profilbogen konstruktiv sein müssen und diese auch mit Respekt (nicht als persönliche Kritik) angenommen werden sollen.

Nach dem Ausfüllen besprecht ihr den Bogen in Partnerarbeit und helft euch gegenseitig diesen zu ergänzen (z. B. „Du kannst doch super zuhören" oder „Du sprichst oft sehr leise"). Diese Anmerkungen dürfen nicht beleidigend wirken. Derjenige, der die Rückmeldungen bekommt, versucht diese nicht als „persönlichen Angriff", sondern als Hilfestellung und Chance zur Weiterentwicklung zu bewerten. Ihr habt 15 Minuten Zeit den Bogen auszufüllen und gemeinsam zu besprechen.

♬ Musik zum Ende der Arbeitsphase

Vorstellen des Partners

Präsentation

Im Sitzkreis stellen die Jugendlichen ihren jeweiligen Partner vor.

Ihr stellt euren Partner mithilfe des Profilbogens vor. Auch andere Jugendliche dürfen anschließend ihre Meinung einbringen. Denkt bitte an unsere festgelegten Gesprächsregeln.

Blitzlicht

3.5 Deine Schwächen machen dich menschlich

Überblick:

Ein Weg zum Umgang mit Schwächen wird aufgezeigt. Zunächst werden individuelle Schwächen, die jeder Mensch besitzt thematisiert. Weiterhin bekommen die Jugendlichen die Möglichkeit, persönliche Strategien für den Umgang mit ihren Schwächen zu erlernen. Sie lernen den Blick nicht nur auf das negative zu lenken, sondern positiv zu konnotieren.

ca. 30 Minuten

M Arbeitsblatt 3.4, Softball

Eigene Schwächen

Klassengespräch

Mit folgendem Einstieg führt der Trainer die Aufgabe ein:

Eigene Schwächen sind für alle Menschen ein eher unangenehmes Thema. Insbesondere bei Bewerbungsgesprächen, in denen ihr euch möglichst gut präsentieren sollt, könnt ihr aufgefordert werden, nicht nur Stärken, sondern auch eure Schwächen zu benennen. Erinnert euch bitte an das Double-Interview. Neben Stärken habt ihr auch weniger gute Eigenschaften oder Gewohnheiten angegeben, die ihr nicht so gut könnt. Diese werden im Alltag oft als Schwächen bezeichnet (z. B. Ungeduld, Unpünktlichkeit). Doch, was sind eigentlich Schwächen und wie gehen wir mit diesen Schwächen im Alltag um?

Schüler äußern sich zu ihren Erfahrungen! Zusätzlich soll der Trainer mit den Jugendlichen auf folgende Zusammenhänge hinarbeiten und dazu Beispiele suchen:

- Schwächen beziehen sich auf den Mangel oder auf die zu starke Ausprägung von Fähigkeiten, von Verhaltensweisen oder Eigenschaft (z. B. Matheschwäche, zu viel Fantasie, ständige Verspätung, Vergesslichkeit, Desinteresse usw.).
- Jeder hat Schwächen, aber für andere sind diese nicht immer sichtbar (z. B. der Sportler ist in Mathe schlecht, der Biologe ist unsportlich, das Model kann mit Geld nicht umgehen).

- Schwächen können sich in manchen Situationen als Stärken erweisen (z. B. zu viel Fantasie ist schlecht beim Erstellen einer Dokumentation aber vorteilhaft in Kunst; wer zu wenig redet, kann vielleicht gut zuhören; eine Brille kann auch interessant wirken).

Umgang mit Schwächen

🚶 Einzelarbeit

Nach der Einführung dieses Aufgabeteils wird Arbeitsblatt 3.4 (vgl. S. 91 und CD-ROM) (Deine Schwächen machen dich menschlich) ausgeteilt. Dann zeigt der Trainer anhand eines Beispiels auf (vgl. Kasten), wie man mit Schwächen umgehen kann, damit sie nicht als „unlösbar" oder sogar erdrückend wirken.

Jetzt lernt ihr eine Methode kennen, die euch verdeutlicht, wie ihr mit euren Schwächen umgehen könnt. Diese Methode könnt ihr auch im Alltag anwenden und natürlich bei Bewerbungsgesprächen. Ich gebe euch erst ein Beispiel, dann bearbeitet ihr bitte selbstständig die Fragen auf dem Arbeitsblatt. Ihr habt 10 Minuten Zeit.

Das Beispiel:

Eine Schwäche ist z. B. „etwas zu direkt anzusprechen":

1. Mir wurde von meinen Freunden gesagt, dass ich öfter sehr direkt bin, und dass ich meine Meinung sehr hart und heftig sage. Ich habe dann an ihren Reaktionen bemerkt, dass ich sie bei einem Streit so durch meine Worte verletzt habe.
2. Ich weiß, dass meine Freunde Wert auf meine Meinung legen, allerdings versuche ich mir vorher zu überlegen, was ich sagen möchte. Wenn etwas dennoch herausrutscht, entschuldige ich mich dafür.
3. Das kam früher öfter vor, heute seltener (hin und wieder).
4. In einigen Situationen ist es aber auch hilfreich, wenn ich mich so verhalte: Zum Beispiel, wenn mich jemand verletzt oder ungerecht behandelt, kann ich meine Meinung sagen und mich auf diese Weise selbst schützen.

♫ Musik zum Ende der Arbeitsphase

Besprechen der individuellen Überlegungen

O Sitzkreis

In einem Sitzkreis äußern sich die Jugendlichen zu ihren Überlegungen. Um die Gesprächsreihenfolge zu regeln, gibt der Trainer einen Softball in den Sitzkreis. Der Trainer verweist auf die Gesprächsregeln.

Nun darf jeder, der möchte, seine Überlegungen vortragen. Derjenige, der den Ball hat, darf sich äußern oder den Ball weitergeben.

3. Station – Vorlage 3.1

3.1 Selbstportrait

1. Welche besonderen Eigenschaften/Besonderheiten hast du?

____

2. Notiere deine Wunscheigenschaft:

____

3. Trage in diese Skalierung nun ein, wie diese Eigenschaft deiner Meinung nach schon ausgeprägt ist.

0	1	2	3	4	5
Gewünschte Eigenschaft **nicht ausgeprägt**					Gewünschte Eigenschaft **voll ausgeprägt**

4. Wie könntest du deine gewünschte Eigenschaft weiter ausbauen? Denke dabei an Personen aus deinem Umfeld, die über diese gewünschte Eigenschaft schon verfügen.

____

____

____

5. Wie willst du in nächster Zeit an der gewünschten Eigenschaft arbeiten?

____

____

____

6. Wie würden Personen in deinem persönlichen Umfeld merken, dass du dich verändert hast?

____

____

____

3. Station – Vorlage 3.1 (Forts.)

3.1 Selbstportrait

7. Dieses Bild wurde ausgewählt, weil

____

____

____

____

____

____

____

____

8. Dieses Bild wurde ausgewählt, weil

____

____

____

____

____

____

____

____

9. Ich sehe nach dieser Übung neue Seiten an mir:

0	1	2	3	4	5
keine	kaum etwas	einige	mehrere	viele	**sehr viele**

3. Station – Vorlage 3.2

3.2 Pantomime

neugierig	traurig
unbeteiligt	wütend
altklug	zornig
pünktlich	ängstlich
überrascht	strebsam
bemutternd	nervig
aggressiv	glücklich
vertrauensvoll	arrogant
selbstbewusst	ehrgeizig
begeistert	unsicher

3. Station – Vorlage 3.3

3.3 Double-Profilbogen

Name: ______________________________

Meine Lieblingsfächer: ______________________________

____

Meine Interessen bzw. Hobbys: ______________________________

____

Was ich überhaupt nicht mag: ______________________________

____

____

____

Meine negativen Gewohnheiten z.B. im Umgang mit anderen: ______________________________

____

____

____

Meine positiven Gewohnheiten: ______________________________

____

____

____

3. Station – Vorlage 3.4

3.4 Deine Schwächen machen dich menschlich

1. Auf welche Schwäche wurdest du schon einmal von Freunden, Eltern oder Lehrern angesprochen?

2. Ist dir diese Schwäche schon einmal selbst aufgefallen? In welcher Situation?

3. Schreibe auf, was du getan hast, um diese in den Griff zu bekommen. Oder was hast du dir überlegt um in Zukunft daran zu arbeiten?

4. Formuliere einige Sätze dazu, wie oft diese Schwächen noch auftreten. Benutze dabei Wörter wie zum Beispiel *selten, hin und wieder, öfter.*

5. In welchen Situationen kann diese Schwäche auch hilfreich sein?

4. Station: Zukunftspläne – Berufe, Laufbahngestaltung und der eigene Wunschberuf

In der Station Zukunftspläne geht es um implizite Motive der Jugendlichen. Sie sollen in der ersten Aufgabe ihre Bedürfnisse und persönlichen Stärken formulieren, ohne sich dabei an genormten gesellschaftlichen Erwartungen zu orientieren. Außerdem geht es in dieser Station um die Erweiterung der Kenntnisse über den „Wunschberuf", wie zum Beispiel das Erkunden der Arbeitsbedingungen, der Verdienstmöglichkeiten u. a. Diese Übung kann dazu führen, dass es zu einer Korrektur der eigenen Vorstellung über den Wunschberuf kommt. In der Übung *Praxis-Check* üben sich die Jugendlichen in Präsentationstechniken, indem sie den anderen den Beruf vorstellen, über den sie Informationen sammelten.

Auf *Nicos Weg* lernen die Jugendlichen die Möglichkeit der Korrektur der eigenen Ausbildungs- und Berufslaufbahn kennen. Hierbei reflektieren die Jugendlichen darüber, dass manche Interessen über Jahre hinweg gleich bleiben, und dass man sich mit zunehmendem Alter weiter entwickelt, Erfahrungen sammelt, dazu lernt und dass sich dadurch auch die persönlichen Interessen verändern können. Die Jugendlichen setzen sich mit einem Beispiel auseinander, in dem ein Protagonist den Wunschberuf auch über Umwege mit sehr viel Disziplin und Durchhaltevermögen und evtl. mit dem Verzicht auf Annehmlichkeiten erreicht.

Wichtig ist in diesem Zusammenhang das Vergleichen eigener Kompetenzen mit den Anforderungen des Wunschberufes, d. h. zu klären, welche persönlichen Eigenschaften für den Wunschberuf förderlich oder hinderlich sind. Ausgehend von einer zunächst eher unklaren oder nur bildhaften Vorstellung der beruflichen und persönlichen Wünsche sollen die Jugendlichen in der letzten Übung dieser Station lernen, die eigenen Ziele nun bewusst und differenziert zu formulieren. Ausgehend von dieser Zielformulierung können Teilziele und eine Strategie abgeleitet werden, wie die Teilziele angesteuert werden müssen, um persönliche Zukunftspläne zu verwirklichen.

4.1 Was ist mir wichtig, was mache ich eigentlich gern?

Überblick:

Nach der Auseinandersetzung mit eigenen Stärken, Schwächen sowie der Selbstdarstellung werden die impliziten Motive der Jugendlichen reflektiert. Das Auseinandersetzen mit den eigenen Bedürfnissen und Vorlieben stellt eine wichtige Informationsquelle für das Wohlbefinden und für langfristige Entscheidungen (z. B. Berufswahl, Ausbildungsplatz oder Stellensuche) dar. Die Resultate können die eigenen beruflichen Vorstellungen verstärken, entkräften oder zur Neuorientierung verhelfen.

⌛ ca. 20 Minuten

M Arbeitsblatt 4.1, Softball

Ausfüllen des Fragebogens

Einzelarbeit

Die Aufgabe wird eingeleitet und das Arbeitsblatt 4.1 (vgl. S. 99 und CD-ROM) ausgeteilt:

Ihr bekommt jetzt ein Arbeitsblatt mit verschiedenen Fragen zu Tätigkeiten, denen ihr gerne bzw. sehr ungern nachgeht und zu Themen, die euch besonders wichtig sind (z. B. Ruhe, Abwechslung, Familie, Erfolg, Freizeit, Freunde usw.). Beantwortet alle Fragen bitte so gründlich wie es euch möglich ist, denn sie bilden die Voraussetzung für unsere weiteren Trainingsübungen. Ihr habt 12 Minuten Zeit.

♫ Musik zum Ende der Arbeitsphase

Austausch

🚶🚶🚶 Kleingruppen

Nach dem Ausfüllen des Arbeitsblatts tauschen sich die Jugendlichen in Kleingruppen mit den anderen über Erfahrungen, Erkenntnisse und Schwierigkeiten aus. Hierfür notiert der Trainer die nachfolgenden Impulsfragen an der Tafel:

- Welche Fragen konntet ihr leicht beantworten und womit hattet ihr Schwierigkeiten?
- Habt ihr durch das Beantworten der Fragen Neues über euch erfahren?
- Was habt ihr bei den letzten beiden Fragen angekreuzt?
- Bitte begründet eure Antworten!

Falls zusätzlich zur Diskussion in den Kleingruppen Klärungsbedarf besteht, regt der Trainer ein abschließendes Klassengespräch an.

ϟ Blitzlicht

4.2 Praxis-Check

Überblick:

Um Berufsvorstellungen mit realen Gegebenheiten abgleichen zu können, erforschen die Jugendlichen in dieser Übung verschiedene Berufe. Sie sollen ihre berufsbezogenen Vorstellungen mit weiteren relevanten Informationen ergänzen oder sogar korrigieren. Wichtig ist dabei die Erprobung verschiedener Vorgehensweisen zur Informationssammlung sowie die Zusammenfassung und Präsentation des recherchierten Wissens.

⌛ 20 Minuten für Gruppeneinteilung und Aufgabenverteilung
45 Minuten für Informationsrecherche (möglich als Hausaufgabe)
45 Minuten Präsentationsvorbereitung (möglich als Hausaufgabe)
45 Minuten Präsentationen

M Arbeitblatt 4.2, OHP 4.3, OHP 4.4 (der Trainer kann entscheiden, ob die Jugendlichen 4.3 und 4.4 auch als Arbeitsblatt zum Abheften in ihrer SMS-Mappe erhalten sollen), Infobroschüre (Bundesagentur für Arbeit, Nürnberg, BA-Service-Haus, Berufskundliche Medien (Hrsg). *Beruf aktuell*. Bielefeld: Bertelsmann Verlag), Zeitungsartikel mit Berufsbeschreibungen, Plakate, Moderationsstifte, Klebestifte, Scheren, Pinnadeln

Diese Aufgabe besteht aus vier Teilen wobei der Trainer selbst entscheidet, ob Teil zwei und drei (Informationsrecherche und Präsentationsvorbereitung) von den Jugendlichen eigenverantwortlich, z. B. in Form einer Hausaufgabe, erledigt werden können.

Gruppeneinteilung

🚶 ⇔ 🚶🚶🚶 Klassengespräch

⌛ 20 Minuten

Vorbereitung der Sequenz: Gemeinsam mit den Jugendlichen sammelt der Trainer an der Tafel (ca. 7 bis 10) verschiedene „Wunschberufe“. Jeweils drei bis vier Jugendliche ordnen sich den Berufen möglichst freiwillig zu. Sollte die Gruppeneinteilung Probleme bereiten, nummeriert der Trainer die verschiedenen „Wunschberufe“ und bereitet mit jeder Nummer jeweils drei bis vier Kärtchen vor. Die Jugendlichen ziehen diese Kärtchen und werden so per Zufall eingeteilt.

Informationsrecherche

🚶🚶🚶 Kleingruppenarbeit

⌛ 45 Minuten oder Hausaufgabe

Der Trainer teilt das Arbeitsblatt 4.2 (vgl. S. 100 und CD-ROM) aus. Er kann selbst entscheiden, ob die Jugendlichen selbstständig als Hausaufgabe oder in der Schule recherchieren. Wichtig ist, dass mehrere Medien herangezogen werden wie Internet, Broschüren, Zeitungen, Interviews usw.

Sucht über die Berufe Informationen. Dabei ist es wichtig, dass ihr auf mehreren Wegen recherchiert: Zum Beispiel in Zeitungen, Infobroschüren, im Internet oder ihr führt zusätzlich ein kurzes Interview mit einer Person, welche diesen Beruf ausübt. Auf dem Arbeitsblatt sind verschiedene Punkte aufgeführt, die ihr bei der Recherche notieren sollt. Sammelt anschließend alle Informationen eures Teams und bereitet gemeinsam eine Präsentation vor. Bringt hierfür bitte Bildmaterial und weitere Materialien über den Beruf mit, um dieses bei der Präsentation zu verwenden.

♬ Musik zum Ende der Arbeitsphase

Präsentationsvorbereitung

🚹 ⇔ 🚹 🚹 🚹 und 🚹 🚹 🚹 zuerst Klassengespräch, dann Kleingruppenarbeit

⌛ 45 Minuten oder Hausaufgabe

Anhand der Vorlage 4.3 (vgl. S. 101 und CD-ROM) bespricht der Trainer mit den Jugendlichen mögliche Präsentationsformen und leitet die Aufgabe ein:

In dieser Stunde werdet ihr in euren bereits eingeteilten Gruppen eine Präsentation vorbereiten, welche max. 5 Minuten dauern soll. Stellt der Klasse möglichst anschaulich den Beruf vor, über den ihr Informationen eingeholt habt. Damit es richtig gut gelingt, besprechen wir zuerst die verschiedenen Aspekte die eine gute Präsentation ausmachen.

Der Trainer stellt die Kriterien einer guten Präsentation mit Hilfe der Vorlage 4.4 (vgl. S. 102 und CD-ROM) vor.

Auf diesem Bogen sind Kriterien einer guten Präsentation zusammengefasst. Für die Präsentation könnt ihr zur Veranschaulichung Plakate mit den wichtigsten Informationen anfertigen. Außerdem dürft ihr Bildmaterialien und andere Gegenstände (Berufswerkzeuge, Berufskleidung etc.) vorstellen. Zur Vorbereitung habt ihr ca. 35 Minuten Zeit.

♬ Musik zum Ende der Arbeitsphase

Präsentationen der Kleingruppen

🗣 Präsentation

⌛ 45 Minuten

Nun wollen wir erfahren, was ihr über die verschiedenen Berufe herausgefunden habt. Nach jeder Präsentation dürfen die Zuhörer der vortragenden Kleingruppe Fragen stellen. Bitte die Gesprächsregeln weiterhin beachten!

ϟ Blitzlicht

4.3 Nicos Weg!

Überblick:
Anhand dieses Fallbeispiels soll veranschaulicht werden, dass es nach dem Schulabschluss *nicht nur einen Weg*, sondern verschiedene Möglichkeiten gibt, zum persönlichen „Wunschberuf“ zu gelangen. Weiterhin sollen die Jugendlichen erkennen, dass es wichtig ist, immer wieder zu prüfen, welche Themen sie besonders interessieren und über welche Kompetenzen sie verfügen. Die Übung sensibilisiert für die Möglichkeit individueller beruflicher Laufbahngestaltung und fördert die Offenheit gegenüber Eigeninitiative im Hinblick auf berufliche Veränderungen.

⌛ ca. 20 Minuten

M Arbeitsblatt 4.5 (für Realschüler) oder Arbeitsblatt 4.6 (für Hauptschüler), DIN A3-Blätter

Nicos Werdegang

🚹 und 🚹 🚹 Zuerst Einzelarbeit, dann Partnerarbeit

Einführung des Fallbeispiels. Die Arbeitsblätter 4.5 bzw. 4.6 (vgl. S. 103 f. und CD-ROM) werden ausgeteilt und der Trainier erklärt die Bedeutung des Wortes BAFÖG. WICHTIG: Die mit ...* kennzeichneten Lücken im jeweiligen Text sollen vom Trainer mit einem entsprechenden Beruf (Mechatroniker, Parkettleger, Pharmazeutisch-Technischer-Assistent, Goldschmied etc.) oder anderen passenden aktuellen Berufsbezeichnungen ergänzt werden.

Ihr erhaltet jetzt den Bericht eines jungen Mannes mit Namen Nico, der seine berufliche Laufbahn beschreibt. Lest zunächst den Text in Ruhe durch und markiert die Ausbildungszeiten sowie die Art der Ausbildung. Sprecht mit euren Sitznachbarn über die Stationen und die Vor-

und Nachteile seiner Laufbahn. Ihr habt ca. 12 Minuten Zeit.

♫ Musik zum Ende der Arbeitsphase

Nicos zweiter Berufswunsch

O Sitzkreis

Nachdem die Jugendlichen diesen Fall bearbeitet haben, setzen sie sich in einen Sitzkreis zur Diskussion hinsichtlich der eigenen Überlegungen.

Welche Begegnungen, Informationen u. a. haben dazu beigetragen, dass Nico sein erstes Berufziel korrigiert hat? Dass er also einen neuen Berufswunsch hatte und diesen dann auch erreichen konnte?

Die Jugendlichen heften ihr Arbeitsblatt und evtl. Notizen in der SMS-Mappe ab.

ϟ Blitzlicht

4.4 Inventar

Überblick:
Durch die Konkretisierung der persönlichen Vorlieben und der Anforderungen des Wunschberufs können die bisherigen Berufsziele bestätigt oder neue Ziele formuliert werden. Darüber hinaus wird der Blick dafür geschärft, dass sich persönliche Eigenschaften bei verschiedenen Berufen förderlich oder hinderlich auswirken können.

⌛ ca. 30 Minuten

M Arbeitsblatt 4.7, Arbeitsblatt 4.8, OHP und Arbeitsblatt 4.9

Erwartungen an meinen Wunschberuf

🯅 Einzelarbeit

Das Arbeitsblatt 4.7 (vgl. S. 105 und CD-ROM) wird den Jugendlichen ausgegeben und anschließend bearbeitet.

Ihr bekommt bei dieser Aufgabe drei Arbeitsblätter, die ihr eigenständig bearbeiten sollt. Auf dem ersten Blatt werden eure eigenen Erwartungen erfragt, und ob diese durch euren Wunschberuf erfüllt werden können. Hierfür nehmt ihr euch 5 Minuten Zeit.

♫ Musik zum Ende der Arbeitsphase

Ich und mein Wunschberuf

🯅 Einzelarbeit

Ausgabe des Arbeitsblatts 4.8 (vgl. S. 106 und CD-ROM), das die Jugendlichen ebenfalls individuell bearbeiten sollen.

Auf dem zweiten Arbeitsblatt werden eure Stärken, Schwächen und die Anforderungen eures Wunschberufs erfragt. Beantwortet die Fragen sorgfältig. Als Hilfe habt ihr im unteren Bereich eueres Blatts eine Tabelle mit einigen Beispielen, die ihr übernehmen dürft. Ihr könnt natürlich auch andere Eigenschaften eintragen. Hierfür habt ihr 10 Minuten Zeit.

♫ Musik zum Ende der Arbeitsphase

Anforderungen an meinen Wunschberuf

🯅 ⇔ 🯅 🯅 🯅 Klassengespräch und 🯅 Einzelarbeit

Einführung des dritten Arbeitsblattes. Als Beispiel wird eine unausgefüllte Folie von Vorlage 4.9 (vgl. S. 107 und CD-ROM) gezeigt und der Trainer entwickelt gemeinsam mit den Jugendlichen exemplarisch ein Beispiel. Zur anschließenden Einzelarbeit wird jedem Jugendlichen das Arbeitsblatt 4.9 ausgeteilt.

Auf dem dritten Arbeitsblatt tragt ihr eure Erkenntnisse in einem Schaubild zusammen. Links tragt ihr eure Stärken, rechts eure Schwächen bezüglich des Wunschberufes ein. In der Mitte werden Anforderungen des Berufs eingetragen, die weder eure Schwächen noch Stärken sind. In die Schnittstellen werden Eigenschaften eingetragen, die ihr besitzt, und die für den

Beruf wichtig sind. Ich gebe euch ein Beispiel. 10 Minuten habt ihr dafür Zeit.

Beispiel für den Beruf der Sekretärin/Office Managerin:

Meine Stärken:
- Singen: unwesentlich für den Beruf → wird ganz links eingetragen
- Zuverlässigkeit: wichtig für den Beruf → kommt in die Schnittstelle

Anforderung:
- Pünktlichkeit: weder Stärke noch Schwäche von mir → in die Mitte

Was ich nicht so gut kann/Schwäche:
- Rechtschreibung: sehr wichtig → gehört in die rechte Schnittstelle
- Ekel vor Blut: nicht wichtig → wird ganz rechts eingetragen

♬ Musik zum Ende der Arbeitsphase

Besprechen der Erkenntnisse

🚹 ⇔ 🚹 🚹 🚹 Klassengespräch

Ihr habt sicher bemerkt, dass manche Eigenschaften bei einem Beruf förderlich und bei einem anderen Beruf eher hinderlich oder ganz zu vernachlässigen sind, also jeder Beruf andere Fähigkeiten und Stärken erfordert. Das heißt, einige eurer Schwächen müssen euch in eurem Wunschberuf nicht notwendigerweise behindern, sondern sie können oft durch Stärken ausgeglichen werden.

Möglicherweise erkennen die Jugendlichen in dieser Übung Widersprüchlichkeiten zwischen ihren Berufsvorstellungen und Erwartungen bzw. Kompetenzen, die sie verunsichern können. In diesem Fall soll in einem Klassengespräch erklärt werden, dass solche Verunsicherungen natürliche Reaktionen sind, die dazu genützt werden sollen, Entscheidungen oder Pläne zu überprüfen und eventuell neue Ziele zu überlegen. Die Arbeitsblätter werden abgeheftet.

ϟ Blitzlicht

4.5 Mein Zukunftsentwurf

Überblick:

Nachdem die Jugendlichen viel über sich erfahren haben, sollen diese Erkenntnisse auch in ihre Zukunftspläne integriert werden. In Form eines Plakates sollen sie sich mit ihren beruflichen Vorstellungen und Strategien gestalterisch auseinandersetzen. Das Aushängen der Entwürfe im Klassenzimmer bietet Gelegenheit, die Visionen anderer kennenzulernen und sich darüber auszutauschen.

⌛ ca. 45 Minuten

M Zeitschriften, Klebestifte, Scheren, DIN A3-Blätter etc., Pinn- oder Stellwände

Erstellen des Plakates

🚹 Einzelarbeit

⌛ ca. 25 Minuten

Erklären der Aufgabenstellung und Materialausgabe:

Ihr konntet unterschiedliche persönliche Stärken herausfinden, vieles über unterschiedliche Berufe erfahren und habt gelernt, wie ihr mit euren Schwächen umgehen könnt. Wichtig ist, dass ihr dieses Wissen in Zukunft nutzt und möglichst effektiv einsetzt. Damit dies besser gelingt, dürft ihr jetzt ein persönliches Plakat gestalten. Hierbei gibt es kein „Richtig oder Falsch“. Ihr könnt verschiedene Arbeitstechniken wie Malen, Zeichnen, Fotografieren, Collagieren etc. anwenden. Wer möchte, darf sich aus den Zeitschriften Bilder, Artikel sowie Überschriften, mit denen ihr eure Zukunftspläne abbilden könnt, ausschneiden.
ABER: Auf den Bildern dürfen keine Personen abgebildet sein (ebenso keine Gewaltdarstellungen, verunstaltete Menschen). Ihr habt hierfür 25 Minuten Zeit. Wenn ihr die Musik hört, hängt ihr eure Arbeiten an den Pinnwänden auf.

♬ Musik zum Ende der Arbeitsphase

Vorstellung der Plakate

🚶 ⇔ 🚶 🚶 🚶 Klassengespräch

Jeder Jugendliche präsentiert sein Plakat.

Beschreibt und begründet in wenigen Sätzen euer Plakat. Rückmeldung formuliert ihr bitte entsprechend der Gesprächsregeln.

Am Ende des Trainings werden die Plakate abgehängt und in der SMS-Mappe eingeordnet.

ϟ Blitzlicht

4.6 Mein Plan

Überblick:

Nach der Auseinandersetzung mit den Vorstellungen über die eigene Zukunft sollen Strategien zu ihrer Verwirklichung erarbeitet werden. Ziel dieser Aufgabe ist es, eine effektive Vorgehensweise für Zielformulierung und Zielerreichung aufzuzeigen. In der vorherigen Aufgabe wurden die Ziele vorrangig bildhaft ausgedrückt, nun soll über Verbalisierung eine konkretere Auseinandersetzung und damit einhergehend eine Bewusstwerdung der eigenen Ziele angeregt werden. Darüber hinaus soll auch deutlich werden, dass häufig mehrere Ziele „richtig und wichtig" sind, und diese miteinander abgestimmt werden müssen.

⌛ ca. 30 Minuten

M jeweils OHP und Arbeitsblatt 4.10 und 4.11

Ziele formulieren

🚶 Einzelarbeit

Einführend wird erklärt, dass Zielformulierungen für strategisches Vorgehen sehr wichtig sind. Anschließend werden die auf Vorlage 4.10 (vgl. S. 108 und CD-ROM) aufgeführten Kriterien durchgesprochen. Dadurch erkennen die Jugendlichen wie selbstkontrollierbare Ziele formuliert sein müssen, damit sie eine klare Erfolgskontrolle ermöglichen. Jede Vorgabe auf dem Arbeitsblatt 4.10 soll mit einem Beispiel erläutert werden.

Beispiel:

Leitgedanke: „Ich möchte diesen Ausbildungsplatz bekommen."
Anstatt nur diesen Wunsch zu haben:
→ *Ich muss das Ziel aus eigener Kraft erreichen können:*
- „Ich schreibe eine gute Bewerbung, in der mein Profil deutlich wird."
- „Ich bereite mich sorgfältig auf das Bewerbungsgespräch vor."

→ *Mein Ziel hängt nicht von Rahmenbedingungen ab:*
- „Mein Ziel, mich gut vorzubereiten, hängt nicht von der Anzahl der Mitbewerber ab."

→ *Auch wenn das Hauptziel nicht erreicht werden kann, kann ein Teilerfolg erzielt werden:*
- „Meine Bewerbungsmappe kann sehr gut werden, und ich kann mich auf das Bewerbungsgespräch gut vorbereiten, auch dann vielleicht wenn ein anderer Bewerber die Stelle bekommt."

Trainer teilt nun das Arbeitsblatt 4.10 aus.

Eure Aufgabe ist es, fünf Ziele zu formulieren, die diesen Kriterien entsprechen. Ihr habt dafür 8 Minuten Zeit.

♫ Musik zum Ende der Arbeitsphase

Zielpyramide

🚶 Einzelarbeit

Für diesen Aufgabenteil wird Arbeitsblatt 4.11 (vgl. S. 109 und CD-ROM) ausgeteilt. In dieser Phase sollen persönliche Ziele nach den neuen Gesichtspunkten neu überdacht werden. Der zusätzlich hinzukommende Aspekt ist das persönliche Wohlbefinden. Die Jugendlichen erarbeiten Ziele, die nicht nur aus der Perspektive der persönlichen Leistung erreicht werden wollen, sondern auch mit dem Wohlbefinden zu vereinbaren sind. An dieser Stelle sind einige Jugendliche evtl. verunsichert und suchen möglicherweise zuerst ein Gespräch. Wichtig ist, dass die Jugendlichen erkennen, dass dies für ihre individuelle Zukunft ein überaus hilfreicher Prozess ist!

Überlege dir zuerst ein Ziel, das auf deine Leistung und ein Ziel, das auf dein Wohlbefinden bezogen ist, dann trage diese oben in die Tabelle ein. Formuliere als nächstes die Zwischenziele – ähnlich wie bei dem vorherigen Aufgabenteil – und fülle die Tabelle weiter aus. Hilfreiche Fragen sind z. B.:

- Was musst du berücksichtigen?
- Welche Anstrengungen sind nötig, um die Ziele wunschgemäß erreichen zu können?
- Was könnte Schwierigkeiten bereiten? Was könnte dir helfen?

Ihr habt hierfür ca. 15 Minuten Zeit.

♫ Musik zum Ende der Arbeitsphase

Unklarheiten können evtl. anhand einer der Pläne (Zielpyramide) als Beispiel durchgesprochen werden.

ϟ Blitzlicht

4. Station – Vorlage 4.1

4.1 Was ist mir wichtig, was mache ich eigentlich gern?

Was ist in deinem Alltag besonders wichtig?

____

Welche Tätigkeiten/ Arbeit machst du – auch ohne Belohnung – immer wieder gerne?

____

Haben dir schon Aktivitäten so sehr Spaß gemacht, dass du dabei sogar die Zeit und alles um dich herum vergessen hast? Welche?

____

Gibt es bei diesen Tätigkeiten etwas Besonderes oder haben sie etwas Gemeinsames?

____

Was machst du besonders ungern?

____

Wie fühlst du dich in Situationen, in denen du etwas machen musst, was dich überhaupt nicht interessiert?

____

Wie wichtig ist es dir, dass du Tätigkeiten, die dir wichtig sind, auch in Zukunft behalten kannst?

[1]—[2]—[3]—[4]—[5]

nicht wichtig — sehr wichtig

Wie wichtig ist es dir, dass du in Zukunft einen Beruf hast, der dir Freude bereitet?

[1]—[2]—[3]—[4]—[5]

nicht wichtig — sehr wichtig

4. Station – Vorlage 4.2

4.2 Praxis-Check

Dein erforschter Beruf ist: ______________________________

Beschreibe **Tätigkeiten** (stichwortartig) von Personen, die in diesem Beruf arbeiten:

____

____

Die Personen die in diesem Beruf arbeiten…

…müssen folgende konkrete **Anforderungen** erfüllen:

____

____

… haben folgende **Arbeitsbedingungen**:

Arbeitszeit ______________ Urlaub ______________

Arbeitsplatz ______________ Arbeitskleidung ______________

… Art und Häufigkeit des Kontaktes mit Mitarbeitern

____

… müssen mit folgenden Personen **kooperieren**:

____

… **verdienen** durchschnittlich: ______________________________

… haben folgende **Spezialisierung-/ Fortbildungsmöglichkeiten**

____

Die Ausbildung dauert ________ Jahre.

Mit folgenden Personen (Vorgesetzte, Mitarbeiter...) sprach ich über den Beruf:

____

____

Die Informationen zu dem Beruf habe ich folgenden Quellen entnommen:

____

____

Meine eigenen Erfahrungen während der Praktikumphase:

____

4. Station – Vorlage 4.3

4.3 Präsentationsformen

Rollenspiel / szenischer Dialog

Plakat/Wandzeitung

Videofilm

Zeichnungen/Fotos/Bilder

Overheadfolien

Ausstellung

Powerpoint-Präsentation

Vorführung von Experimenten

Theater-/ Musicalaufführung

Demonstration mit Modellen

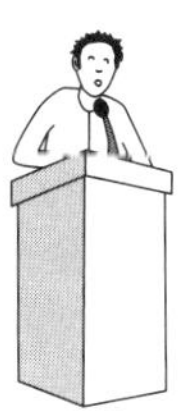

Vortrag

Podiumsdiskussion

Einsatz des Flipchart

4. Station – Vorlage 4.4

4.4 Präsentationskriterien

Bei der Präsentation ist das Agieren der Person ein wesentliches Element!

<table>
<tr><th></th><th colspan="2">Mögliche Bewertungsaspekte</th><th>Erläuterungen</th></tr>
<tr><td rowspan="4">Personale Kompetenz</td><td colspan="2">Wirkung der Person</td><td>– Auftreten</td></tr>
<tr><td colspan="2">Körpersprache</td><td>– Mimik, Blickkontakt, Gestik, Kleidung…</td></tr>
<tr><td colspan="2">Sprache</td><td>– Artikulation, Verständlichkeit, Lautstärke, freier Vortrag in kurzen verständlichen Sätzen</td></tr>
<tr><td colspan="2">Echtheit</td><td>– Keine Rolle spielen, sich selbst bleiben!</td></tr>
<tr><td rowspan="2">Aufbau der Präsentation</td><td colspan="2">Angemessene Darstellung des Themas
Verwendung von Fachbegriffen</td><td>– Inhalte, fachliche Korrektheit
– Die Präsentation bringt Lernzuwachs
– Vortrag ist fachlich fehlerlos</td></tr>
<tr><td colspan="2">Themenwahl und Strukturierung</td><td>– Themenbezug
– Gliederung/Ablauf
– Argumentation, roter Faden und Zusammenhang
– Schwerpunktsetzung überzeugend
– Darstellung der Ziele und der Ergebnisse</td></tr>
<tr><td rowspan="3">Methodische Kompetenz</td><td rowspan="3">Kreativität</td><td>Aufbau und Durchführung der Präsentation</td><td>– Klare Strukturierung/ Hinweise auf die Gliederung
– Einleitung und Abschluss (Was sage ich zur Eröffnung? Wie gliedere ich den Hauptteil? Wie beende ich die Präsentation?)
– Zeiteinteilung
– Interessante Gestaltung</td></tr>
<tr><td>Verwendung von Medien</td><td>– Passender Einsatz der Medien: Welche Inhalte visualisiere ich?
– Ausreichend große Schrift</td></tr>
<tr><td>Formale Aspekte</td><td>– Gestaltung der Medien
– Lesbarkeit
– Übersichtlichkeit
– Aussagen werden gut und sinnvoll veranschaulicht</td></tr>
<tr><td>Formen der Präsentation</td><td colspan="2">Elemente</td><td>– Beispiel: Vortrag, Folie, Plakat, Wandzeitung
– Computerunterstützte Präsentation
– Szenenspiel, Musik…</td></tr>
</table>

4. Station – Vorlage 4.5

4.5 Nicos Weg (RS)

Hallo, ich heiße Nico Maier!

Bereits in der Realschulzeit war ich im Fach IT sehr gut und gestaltete die Homepage der Schule mit. Mein Traumberuf war Informatiker, aber für das technische Gymnasium haben meine Noten nicht gereicht. So machte ich mit 16 Jahren erst einmal eine Berufsausbildung zum ____________________. Obwohl ich einen guten Abschluss gemacht habe, konnte mich der Betrieb aufgrund von zu wenig freien Stellen leider nicht übernehmen. Weil ich mit 19 Jahren darauf angewiesen war, Geld zu verdienen, habe ich mich auf mehreren Stellen bewerben müssen. Nach 15 Absagen war ich so enttäuscht, dass ich einen Aushilfsjob an einer Tankstelle angenommen habe.

Während dieser Zeit habe ich mich sehr unzufrieden gefühlt, weil mir die Arbeit überhaupt keine Freude gemacht hat. Abends beschäftigte ich mich häufig mit meinem PC und konnte sogar anderen aushelfen. Diese Tätigkeit gefiel mir sehr gut und sie war ein guter Ausgleich zu meinem Berufsalltag. Ich merkte immer deutlicher, dass ich am liebsten auch beruflich mit dem Computer arbeiten wollte.

Ich war bereits 21 Jahre alt, als ich bei einem Einkauf in einem Computergeschäft einen Computerfachmann kennenlernte, der mir erzählte, wie er zu seinem Beruf kam. Mir wurde klar, dass es die Mischung aus Kreativität und Problemlösung war, die mich so faszinierte. Von ihm wusste ich bereits, dass für diese Ausbildung ein Studium erforderlich ist. Ich erfuhr vom Arbeitsamt, dass ich das Abitur über ein Abendgymnasium nachholen kann. Über das Internet besorgte ich mir Infos von Fachhochschulen. Die folgenden Jahre waren ziemlich hart – nach der Arbeit abends noch zu lernen – aber es hat sich gelohnt. Letztes Jahr, mit 25 Jahren, habe ich mein Abitur gemacht und wurde an der Fachhochschule für Informatik angenommen.

Jetzt bin ich also Student. Ich habe derzeit keinen Verdienst mehr, sondern lebe von BAföG (Bundesausbildungsförderungsgesetz). Das Studium wird noch ca. 4 Jahre dauern. Dann bin ich 29 und habe noch keine Stelle. Vielleicht muss ich auch umziehen. Für einige Menschen ist es vielleicht Zeitvergeudung, aber wie jemand seinen beruflichen Weg gestaltet, muss jeder selbst entscheiden, denn die Menschen sind verschieden. Ich jedoch erfülle mir meinen Traum und euch wünsche ich viel Glück auf eurem Weg.

4. Station – Vorlage 4.6

4.6 Nicos Weg (HS)

Hallo, ich heiße Nico Maier!

Bereits in der Hauptschulzeit war ich im Fach IT sehr gut und gestaltete die Homepage der Schule mit. Mein Traumberuf war Informatikassistent, aber für die Realschule haben meine Noten nicht gereicht. So machte ich mit 15 Jahren erst einmal eine Berufsausbildung zum ________________ und machte mir über andere Wege keine Gedanken. Obwohl ich einen guten Abschluss gemacht habe, konnte mich der Betrieb aufgrund von zu wenig freien Stellen leider nicht übernehmen. Weil ich mit 18 Jahren darauf angewiesen war, Geld zu verdienen, habe ich mich auf mehreren Stellen bewerben müssen. Nach 15 Absagen war ich so enttäuscht, dass ich einen Aushilfsjob an einer Tankstelle angenommen habe.

Ich war sehr unzufrieden, weil mir die Arbeit überhaupt keine Freude gemacht hat. Abends beschäftigte ich mich häufig mit meinem PC. Mit der Zeit habe ich sogar anderen aushelfen können. Ich merkte immer deutlicher, dass ich am liebsten auch beruflich mit dem Computer arbeiten wollte.

Ich war bereits 21 Jahre alt, als ich bei einem Einkauf in einem Computergeschäft einen Informatikassistent kennenlernte, der mir erzählte, wie er zu seinem Beruf kam. Von ihm wusste ich, dass für diese Ausbildung ein Realschulabschluss erforderlich ist. Ich erfuhr vom Arbeitsamt, dass ich den Realschulabschluss in der Abendschule nachholen kann. Die folgenden Jahre waren ziemlich hart – nach der Arbeit abends noch zu lernen – aber es hat sich gelohnt. Letztes Jahr, mit 23 Jahren, habe ich meinen Realschulabschluss gemacht und wurde an der Berufsschule für Informatik angenommen.

Die Ausbildung wird noch 3 Jahre dauern. Dann bin ich 27 und bekomme vielleicht nicht sofort eine Stelle. Vielleicht muss ich auch umziehen. Für einige Menschen ist es vielleicht Zeitvergeudung, aber wie jemand seinen beruflichen Weg gestaltet, muss jeder selbst entscheiden, denn die Menschen sind verschieden. Ich jedoch erfülle mir meinen Traum und euch wünsche ich viel Glück auf eurem Weg.

4. Station – Vorlage 4.7

4.7 Inventar

Mein Wunschberuf: ______________________________

Meine Erwartungen an meinen Wunschberuf.

Berufsmerkmale	lehne ich ab	wäre mir sehr wichtig	darüber verfüge ich
Handwerkliche Tätigkeit	☐	☐	☐
Viel Selbstständigkeit	☐	☐	☐
Abwechslung	☐	☐	☐
Wenig Selbständigkeit	☐	☐	☐
Körperliche Tätigkeit	☐	☐	☐
Keine schmutzige Tätigkeit	☐	☐	☐
Arbeit im Freien	☐	☐	☐
Teamarbeit	☐	☐	☐
Arbeit mit Menschen	☐	☐	☐
Keine Wochenendarbeit	☐	☐	☐
Arbeit mit Tieren	☐	☐	☐
Anderen helfen können	☐	☐	☐
...	☐	☐	☐
...	☐	☐	☐

4. Station – Vorlage 4.8

4.8 Stärken – Schwächen und mein Wunschberuf

Was sind meine Stärken?

____

____

____

____

Was sind meine Schwächen?

____

____

____

____

Was wird in meinem Wunschberuf von mir erwartet?

____

____

____

____

Beispiele:

kontaktfreudig	Sozial	kreativ	offen	engagiert
Vertrauen erweckend	hilfsbereit	freundlich	lustig	teamfähig
flexibel	musikalisch	gesprächig	gutmütig	sportlich
spontan	handwerklich begabt	einfallsreich	modebewusst	ruhig
umgänglich	naturverbunden	konzentriert	neugierig	....

4. Station – Vorlage 4.9

4.9 Anforderungen meines Wunschberufs

Was ich nicht so gut kann

Anforderungen meines Wunschberufs

Meine Stärken

4. Station – Vorlage 4.10

4.10 Mein Plan

Zielformulierung

- Das Ziel muss allein durch mich erreicht werden können.
- Mein Ziel hängt nicht davon ab, ob sich unterschiedliche Bedingungen (Situationen, Menschen ...) ändern (z.B. wenn mein Freund auch mitmacht).
- Bei der Verfolgung des Zieles kann ich auch Erfolg erleben, wenn die Situation nicht erfolgreich ausgegangen ist. (Z.B. Ich kann eine sehr gute sportliche Leistung erreichen, auch, wenn ein Anderer besser war.)

Meine 5 Ziele:

1. ______________________________

2. ______________________________

3. ______________________________

4. ______________________________

5. ______________________________

4. Station – Vorlage 4.11

4.11 Zielpyramide

	Über welche Zwischenziele kann ich es erreichen?	Welche Handlungen führen dazu?	Was mache ich, wenn sich Hindernisse einstellen?
Ziel für Leistung			
Ziel für Wohlbefinden			

5. Station: Realisierung – Stellenanzeigen, Bewerbung und strategische Planung

Im ersten Teil der Station „Realisierung“ beschäftigen sich die Jugendlichen hauptsächlich mit dem großen Themenkomplex „Bewerbung“ (vgl. Kapitel 5.1 bis 5.7) und dabei zentral mit dem Kompetenzbereich Selbstdarstellung. Durch die aktive Auseinandersetzung mit wichtigen Aspekten für den beruflichen Werdegang wird der verantwortungsvolle Umgang damit geschult. Anhand eines Comics erfolgt eine Sensibilisierung für adäquates und unangemessenes Verhalten im Bewerbungsgespräch. Außerdem wird deutlich, wie eng Erfolg bzw. Misserfolg mit der eigenen Selbstdarstellung verknüpft sind. Ein weiterer Aspekt ist das Verstehen von Stellenanzeigen: Durch verschiedene Herangehensweisen wie Unvollständige ergänzen oder eigene Stellengesuche verfassen lernen die Jugendlichen wichtige Informationen zu erfassen. Die selbstverfassten Stellengesuche dienen als Grundlage für die Erarbeitung wichtiger Selbstdarstellungsstrategien. Dabei steht die Darstellung nach außen – einem Publikum gegenüber – im Vordergrund. In kurzen Rollenspielen wird deutlich, wie Kleidung, Accessoires, Sprache, Verhalten und persönliche Einstellungen zur Eindruckssteuerung beitragen. Eindrücke, welche andere gewinnen, können durch personeninterne Prozesse, Verhaltensweisen oder Gefühle – wie etwa Selbstwertschätzung, Authentizität oder auch das Hoffen auf soziale und materielle Vorteile – bedingt sein. Durch Vortäuschen falscher Tatsachen ist es ebenfalls möglich Eindrücke zu vermitteln.

Weiterführend erfolgt eine Verknüpfung der eigenen Stärken und Schwächen mit Hinweisen in Anzeigen und deren Nutzbarmachung für Bewerbungsgespräche. Als Ergänzung hierzu und gleichermaßen als Vorbereitung auf die nachfolgenden Bewerbungsrollenspiele werden die Jugendlichen mit typischen Fragen aus Vorstellungsgesprächen konfrontiert. Den Abschluss des ersten Teils dieser Station bilden Bewerbungsrollenspiele. Dabei füllen die Jugendlichen vorgegebene Beobachtungsbögen aus, anhand derer in der anschließenden klassenübergreifenden Diskussion Schwierigkeiten aufgezeigt werden können.

Im zweiten Teil von Station 5 liegt der Schwerpunkt auf dem Thema „Selbstständigkeit“ (vgl. Kapitel 5.8 und 5.9). In beiden Aufgaben erfahren die Jugendlichen die Vorteile effektiver Gruppenarbeit: Jede Person kann sich mit ihren individuellen Stärken in ein Gemeinschaftsprojekt einbringen und somit zum gemeinsamen Gesamterfolg beitragen. Neben der erneuten Vergegenwärtigung eigener Fähigkeiten steht die Akzeptanz für Fähigkeiten anderer im Vordergrund. Des Weiteren wird in Kleingruppen die strategische Planungsfähigkeit erprobt und ausgebaut sowie die Optimierungsbereitschaft zur Erreichung eines gemeinsamen Zieles angesprochen.

5.1 „Lisa stellt sich vor“ – Comic

Überblick:
Ein wesentlicher Schritt zur Verwirklichung eines Berufsziels ist das Bewerbungsgespräch. Jugendliche werden dafür sensibilisiert, welche Selbstdarstellungsformen dabei förderlich bzw. hinderlich sein können. Sie bekommen ein Gespür für „richtiges“ und „falsches“ Benehmen und sollen darüber hinaus erkennen, dass die Selbstdarstellung sehr eng mit dem daraus resultierenden (Miss-)Erfolg verknüpft ist.

⌛ ca. 15 Minuten

M OHP 5.1 – Teil 1 und 2, sofern die Jugendlichen den Comic auch in ihrer SMS-Mappe abheften sollen, ist von der Vorlage zusätzlich ein Arbeitsblatt anzufertigen.

Gemeinsames Erarbeiten des Comics

Klassengespräch

Die Folie mit Comic wird aufgelegt (vgl. S. 119 und CD-ROM). Die Jugendlichen lesen den Comic mit verteilten Rollen vor.

- Was hat die Person im Comic gut gemacht?

Die Jugendlichen nennen Positives: Zum Beispiel, sie ist freundlich, aufgeschlossen, hilft gerne Menschen usw.

- Die Person im Comic hat die Stelle nicht bekommen. Könnt ihr euch vorstellen weshalb?

Negatives wird genannt: Zum Beispiel, ihre Kleidung war unangemessen (zu kurzer Rock), lümmelt im Stuhl; erzählt, dass sie nach der Disco am nächsten Morgen ausschlafen möchte etc.

Vorschläge der Jugendlichen

Klassengespräch

Für die Sammlung von positiven und negativen Vorschlägen der Jugendlichen werden zwei Spalten an die Tafel gezeichnet. Gemeinsame Diskussion der Vorschläge.

- Was sollte die Person beim nächsten Gespräch besser machen und auf welche Art und Weise könnte sie geschickter handeln?

Blitzlicht

5.2 Stellenanzeige – „... gesucht"

Überblick:
Zentrale Aspekte von Stellenanzeigen werden thematisiert und analysiert. Jugendliche lernen verschiedene Facetten der Anzeigenformulierung sowie deren Bedeutung kennen.

ca. 40 Minuten

M OHP und Arbeitsblatt 5.2 mit zwei Alternativen, Folienstifte, OHP und Arbeitsblätter 5.3 inklusive 6 Musteranzeigen – je nach Bedarf kann der Trainer hier zusätzliche Anzeigen aus Tageszeitungen mitbringen)

Lückenanzeige

Klassengespräch

ca. 10 Minuten

Eine lückenhafte Stellenanzeige wird als Folie (vgl. Vorlage 5.2 auf S. 121 und auf CD-ROM) aufgelegt und an die Jugendlichen als Arbeitsblatt ausgeteilt. Die Anzeige wird sukzessive vorgelesen und im Zuge dessen die Lücken ausgefüllt.

Hier seht ihr eine unvollständige Stellenanzeige. Diese werden wir gemeinsam ausfüllen.

Analyse einer Anzeige

Partnerarbeit

ca. 30 Minuten

Trainer legt die Folie 5.3 (vgl. S. 123 und CD-ROM) mit den Kriterien zur Anzeigenanalyse auf (unklare Begriffe sollen erklärt werden) und teilt die Arbeitsblätter 5.3 sowie die fertigen Stellenanzeigen (vgl. ebenfalls Vorlage 5.3) aus.

Analysiert bitte vorgegebene Anzeigen aus einer Tageszeitung nach den Kriterien, die wir eben anhand der Folie besprochen haben in Partnerarbeit. Über die Ergebnisse tauschen wir uns anschließend im Klassenplenum aus. Dafür habt ihr ca. 20 Minuten Zeit.

Musik zum Ende der Arbeitsphase

Blitzlicht

5.3 Talente-Hitliste

Überblick:
Für den beruflichen Erfolg sind neben fachlichen Kenntnissen und Fähigkeiten auch persönliche Kompetenzen wichtig. Ziel ist, diese Kompetenzen zu thematisieren, zu reflektieren und die Jugendlichen dazu zu befähigen, diese auch zu formulieren.

ca. 30 Minuten

M Arbeitsblatt 5.4

Individuelle Kompetenzen

Klassengespräch

ca. 10 Minuten

Jugendliche werden auf das Thema der individuellen Kompetenzen hingeführt, indem sie erneut erfahren, dass neben fachlichen Qualifikationen und Anforderungen wie Teamarbeit, Flexibilität, Konkurrenzverhältnisse usw. persönliche Eigenschaften sehr wichtig sind. Dazu sollen sie Beispiele nennen.

Bei Bewerbungen ist es wichtig, dass ihr möglichst viel, von den beschriebenen Forderungen einer Stellenanzeige erfüllen könnt. Doch ihr wisst, die Konkurrenz ist sehr groß. Mit welchen Talenten/Kompetenzen könnt ihr zusätzlich punkten? Welche davon können euch bei der Arbeit bzw. bei Teamarbeit helfen?

Erarbeitung der Talente-Hitliste

🚹 Einzelarbeit

Arbeitsblatt 5.4 (vgl. S. 128 und CD-ROM) wird ausgeteilt.

In Bewerbungsgesprächen könnt ihr nach Stärken und Schwächen gefragt werden, doch die Zeit für zusätzliche Anmerkungen ist oft sehr knapp bemessen. Falls ihr die Möglichkeit habt, Dinge (Talente, Kompetenzen) anzuführen, mit denen ihr gegenüber euren Mitbewerbern punkten könnt, solltet ihr spontan die Wichtigsten treffend und überzeugend darlegen. Damit dies gut gelingt, soll jeder von euch eine persönliche Hitliste der Stärken erstellen. Eure wichtigste Stärke nennt ihr zuerst usw. Am Schluss formuliert ihr einige Schwächen, da ihr in Bewerbungsgesprächen danach gefragt werden könntet. Wichtig dabei ist, dass die Schwächen nicht negativ, sondern positiv formuliert werden: z. B. „Meine Neugier hilft mir dabei, mich stets mit verschiedenen Themen zu beschäftigen“ oder „Ich rede immer sehr viel, das hilft mir schnell Kontakt zu anderen Menschen zu knüpfen“. Danach formuliert ihr zu jedem Punkt einen überzeugenden Satz. Hierfür habt ihr nun etwa 15 Minuten Zeit.

Falls Schwierigkeiten auftreten, werden die Jugendlichen an die „Double-Aufgabe“ (Arbeitsblatt 3.3) erinnert.

♫ Musik zum Ende der Arbeitsphase

Austausch

🚹 🚹 Partnerarbeit

Nachdem der Trainer erneut an die Gesprächsregeln erinnert hat, dürfen die Jugendlichen paarweise oder in Dreiergruppen ihre Ergebnisse vorstellen und sich darüber austauschen.

Ihr habt jetzt noch ca. 5 Minuten Zeit eure individuelle Talente-Hitliste im Partnergespräch oder in Dreiergruppen vorzustellen und euch darüber auszutauschen.

ϟ Blitzlicht

5.4 Auf Stellensuche

Überblick:
Jugendliche sollen neben der Anzeigenanalyse auch die Formulierung von Stellen-Suchanzeigen erlernen um eigeninitiativ handeln zu können. Durch die Umkehrung der Perspektive wird die Selbstdarstellungskompetenz der Jugendlichen für schriftliche Formulierungen gefördert. Die bereits erarbeitete Talente-Hitliste kann Unterstützung bieten.

⌛ ca. 20 Minuten

M OHP 5.5 bzw. weitere Berufe auf Wortkärtchen, leere weiße Blätter

Gruppenfindung und Berufswahl

🚹 ⇔ 🚹 🚹 🚹 Klassengespräch

Zuerst werden jene Berufe ausgewählt (von Vorlage 5.5 (vgl. S. 129 und CD-ROM) und weitere in Abstimmung auf die Klasse), mit denen sich die Jugendlichen am meisten identifizieren können. Anschließend bilden sie beruflich gesehen interessenhomogene Kleingruppen.

Eigenes Stellengesuch

🚹 🚹 🚹 Kleingruppenarbeit

Nach der Gruppenbildungs- und Berufswahlphase erklärt der Trainer die Aufgabe:

Jede Gruppe soll ein eigenes Stellengesuch schreiben. Grundlage ist der Beruf, für welchen Ihr Euch gemeinsam entschieden habt. Integriert eure individuellen Stärken in die Suchanzeige, denn in der nächsten Stunde werdet ihr euch auf diese (nun von euch verfasste) Anzeige bewerben. Wählt die Formulierungen dergestalt, dass sich alle Gruppenmitglieder darin wieder finden. Ihr habt nun 15 Minuten Zeit.

♫ Musik zum Ende der Arbeitsphase

⌂ Hausaufgabe: Vorbereitung der Übung „Machen nur Kleider Leute?" In der nächsten Doppelstunde wird in denselben Kleingruppen weitergearbeitet.

Bei der folgenden Aufgabe werdet ihr in denselben Gruppen arbeiten wie eben. Bringt für die nächste Doppelstunde bitte unterschiedliche Kleidung mit, sie sollte zum Beruf eures eben verfassten Stellengesuchs passend UND unpassend sein. Für den Beruf Bürokauffrau könnt ihr zum Beispiel eine schwarze Hose und eine Bluse mitbringen aber auch zerfetzte Jeans und ein verwaschenes Top. Zudem Accessoires, Kosmetik, evtl. typische Werkzeuge, Produkte usw.!

ϟ Blitzlicht

5.5 Machen nur Kleider Leute?

Überblick:

Diese Aufgabe sensibilisiert dafür, dass nicht nur Verhalten, Kleidung, Kosmetik und Styling, *für* oder *gegen* erfolgreiche Selbstdarstellung eingesetzt werden können. Es wird thematisiert, dass jeder Berufsstand seine eigenen individuellen Regeln, meist ungeschriebene *Gesetze* hat, um damit die gewünschte Wirkung zu erzielen. Des Weiteren lernen die Jugendlichen fünf Selbstdarstellungsstrategien kennen, die in vielen Situationen förderlich eingesetzt werden können. Jene Strategien unterstützen die Eindruckssteuerung, also den Eindruck, der beim Interaktionspartner erzielt werden soll. Die Jugendlichen sollen hierdurch effektive Vorgehensweisen erlernen, wie sie z. B. beim Bewerbungsgespräch ein überzeugendes Bild von sich selbst abgeben können.

⌛ ca. 45 Minuten

M Arbeitblatt 5.6 (Ausschneiden), Kleidung und Accessoires

Vorbereitung

👤👤👤 Kleingruppenarbeit

⌛ ca. 20 Minuten

Jugendliche treffen sich mit den von zu Hause mitgebrachten Kleidungsstücken, Accessoires, Kosmetik usw. in ihren Kleingruppen. Aus jeder Gruppe wird eine Person ihrer Rolle entsprechend gekleidet und evtl. geschminkt. Die Ausgewählten stellen sich nach gemeinsamer Absprache (und Probe) in einem kleinen berufsspezifischen Rollenspiel (z. B. Bäcker verkauft Brötchen, Sekretärin nimmt Telefongespräche entgegen) vor der Klasse „in der gewählten Rolle" dar.

Jede Kleingruppe bekommt auf einem Kärtchen (vgl. Vorlage 5.6 auf S. 130 und auf CD-ROM) die Vorgaben ausgeteilt.

Ihr habt bereits ein Stellengesuch für einen Beruf verfasst und heute verschiedene Kleidungsstücke sowie Accessoires mitgebracht. Verkleidet und schminkt eine Person aus eurer Gruppe so, dass sie für den entsprechenden Beruf genau jene Eigenschaften verkörpert, die auf den kleinen Kärtchen, die ich für euch ausgeschnitten habe, notiert sind.
Danach präsentiert sich die „fertig-gestylte" Person im Rahmen eines kleinen Rollenspiels bei der Ausführung einer berufstypischen Tätigkeit der Klasse. Denkt beim Vorbereiten und Präsentieren daran, die Strategien auf dem Kärtchen sowohl sprachlich als auch körpersprachlich darzustellen. Nun habt ihr 20 Minuten Zeit.

Hinweis: Jede Gruppe bekommt mit der Vorlage 5.6 die gleichen „Eigenschaften". Dies ist den Jugendlichen jedoch nicht bekannt. Später *kann fakultativ* thematisiert werden, dass sie deshalb die gleiche Karte bekommen haben, weil es sich hierbei um fünf wichtige Selbstdarstellungsstrategien handelt:

- Kompetenz und Expertentum,
- Attraktivität,
- Status und Prestige,
- Glaub- und Vertrauenswürdigkeit,
- Offenheit.

♫ Musik zum Ende der Arbeitsphase

Rollenspiele

Präsentation

ca. 20 Minuten

Die Rollenspiele werden präsentiert.

Jetzt kommen wir zur Präsentation der einzelnen Rollenspiele. Die anderen Gruppen beschreiben bitte die Wirkung des „Schauspielers". Versucht zu erraten, welcher Beruf und welche erforderlichen Eigenschaften dargestellt werden.

- Welche Kompetenzen kommen in dem Rollenspiel zum Vorschein?

Gebt bitte Tipps, wie die berufsbezogene Selbstdarstellung noch überzeugender gelingen kann.

Nun werden die vorgegebenen Eigenschaften auf den Kärtchen näher thematisiert, indem der Trainer die Selbstdarstellungsstrategien mit Beispielen, die je nach Bedarf von den Jugendlichen ergänzt werden können, untermauert. Dabei ist zu beachten, dass nicht jeder Aspekt für jeden Beruf gleich wichtig ist.

Für die Verkäuferin oder Kosmetikerin ist Attraktivität wichtiger als für den Bankangestellten, für den vor allem Glaub- und Vertrauenswürdigkeit ein Hauptkriterium ist. Automechatroniker sollten vordergründig kompetent wirken und als Experten auftreten können. Offenheit und Vertrauenswürdigkeit ist zum Beispiel bei pflegerischen Berufen, wie etwa Altenpfleger von großer Bedeutung. Insbesondere Schmuckverkäufer sollten Status und Prestige betonen.

Blitzlicht

5.6 Fit für das Bewerbungsgespräch!

Überblick:
Ziel dieser Übung ist die Beschäftigung mit Fragen und Antworten von Bewerbungsgesprächen. Hierzu wird die Auseinandersetzung mit den eigenen Stärken und Schwächen ausgebaut. Zudem werden die bislang gewonnenen Erkenntnisse über Stellenanzeigen, wie z. B. Informationen über Anforderungen, Unternehmensphilosophie oder Internetseiten, angesprochen. Des Weiteren wird überlegt, wie diese Erkenntnisse für die Antwortformulierung nutzbar gemacht werden können.

ca. 30 Minuten

M OHP und Arbeitsblatt 5.7

Begegnung mit den Fragen

Klassengespräch

Der Trainer führt das Arbeitsblatt 5.7 (vgl. S. 131 und CD-ROM) zur Vorbereitung des Rollenspiels ein. Die Fragen werden mündlich erläutert*):

„Bitte stellen Sie sich selbst vor!"
Eine solche Bitte kann manche Bewerber verunsichern. Ihr habt euch mit unserem Training sehr gut vorbereitet und könnt gelassen bleiben. Jetzt ist der richtige Augenblick für deine Selbstpräsentation.

„Wie würden Sie sich selbst beschreiben?"
Die Frage regt dazu an, die eigene Meinung (inklusive kritischer Gedanken) offen kundzutun. Bedenke aber, dass es um ein Vorstellungsgespräch für einen Ausbildungsplatz geht. Nutze also die Chance und beschreibe deine positiven Seiten, v. a. die in realen Situation in der Stellenausschreibung gefordert werden. Deine Stärken sind dir schließlich bekannt.

„Wie stellen Sie sich Ihre berufliche Zukunft vor?"
Es soll erkennbar werden, welche Perspektive du für dich siehst und welche Rolle dabei genau dieses Unternehmen bzw. Betrieb spielen soll. Deine Antwort lässt Rückschlüsse auf Motivation und Erwartungen zu. Auch dein Selbstbild kann deutlich werden.

„Was tun Sie, um Ihr berufliches Ziel zu erreichen?"
Auf diese Frage kannst du direkte Vorbereitungen zur Erreichung deines Zieles anführen. Du beweist damit deine Fähigkeit, zielorientiert zu arbeiten. Wenn das Ziel noch in weiter Ferne liegt (was natürlich ist, denn du befindest dich am Anfang deines Berufslebens), nenne einfach mögliche Weiterbildungsaktivitäten (z. B. Sprachkurse).

*) Die Fragen und Erläuterungen wurden in Anlehnung an Baier (2003) formuliert

„Welche Stärken haben Sie?“
Ein Unternehmen stellt dich aufgrund deiner Stärken ein. Damit hast du dich bereits intensiv befasst, deshalb hast du bereits Erfahrung darin, deine Stärken darzustellen. Verbinde möglichst deine Stärken mit Vorteilen für das Unternehmen.

„Welche Schwächen haben Sie?“
Mit dieser Frage sucht man nach Aspekten deiner Person, die kritisch für eine Anstellung sind. Schwächen, die du aufführst, sollten dich für die angestrebte Stelle nicht disqualifizieren. Erwähne deine Motivation, die es dir erlaubt, schnell etwas gegen Schwächen zu unternehmen.

„Wie sind Sie auf uns gekommen? Was wissen Sie über unser Unternehmen?“
Beschreibe den Weg, wie du auf die Stelle aufmerksam geworden bist und wie du Informationen über das Unternehmen gefunden hast. Evtl. kannst du auch Aspekte aus der Stellenanzeige aufgreifen und in deine Antwort einbauen.

„Aus welchem Grund haben Sie sich bei uns beworben?“
Das ist eine gute Gelegenheit zu zeigen, was dir wichtig ist; denn offensichtlich entspricht das Unternehmen deinen Vorstellungen. Ferner kannst du beweisen, dass du dich über das Unternehmen eingehend informiert hast.

„Aus welchen Gründen sollten wir uns für Sie entscheiden?“
Hier kannst du Argumente anführen, welche das Unternehmen davon überzeugen sollen, dass du der richtige Bewerber für die angestrebte Stelle bist. Hier bietet sich wieder eine Gelegenheit, um über fachliche Qualifikationen, und persönlichen Stärken zu berichten. Man möchte wissen, was für dich spricht.

„Möchten Sie sich beruflich weiterbilden?“ „Sind Sie bereit für interne Schulungen?“
Bei diesen Fragen soll die Offenheit für Weiterbildung signalisiert werden. Allerdings soll die persönliche Entwicklung (außer es handelt sich um einem Ausbildungsbetrieb) nicht als wichtiger als die Arbeit und Leistung für das Unternehmen dargestellt werden. Ein Desinteresse gegenüber weiteren Schulungen kann jedoch ein negatives Bild über Motivation und Engagement vermitteln.

Individuelles Beantworten der Fragen

Einzelarbeit

Arbeitsblatt 5.7 wird ausgeteilt und die Aufgabe beschrieben:

Ihr bekommt jetzt eine sehr wichtige Hilfe für Bewerbungsgespräche – beantwortet die Fragen bitte schriftlich. Danach werden wir sie gemeinsam besprechen. Dafür habt ihr ca. 10 Minuten Zeit.

♫ Musik zum Ende der Arbeitsphase

Reflexion des Arbeitsblatts

Klassengespräch

Gemeinsames Besprechen des Arbeitsblatts. Dieses klasseninterne Gespräch ist sehr wichtig, da die Jugendlichen auf Antwortalternativen aufmerksam werden. Dabei soll der Trainer immer wieder darauf aufmerksam machen, wie bedeutend es ist, die Profile und Anforderungen des Betriebs zu berücksichtigen bzw. darauf einzugehen.

Jeder von euch hat sich individuelle Gedanken zu diesen Fragen gemacht. Wir wollen jetzt für jede Frage einige Antwortmöglichkeiten anhören. Vielleicht haben eure Mitschüler andere Aspekte aufgeschrieben wie ihr selbst? Würden diese Aspekte auch zu euch passen, so dürft ihr sie ergänzen.

ϟ Blitzlicht

5.7 Bewerbungsrollenspiel

Überblick:

Das bisher Gelernte soll in Form eines Bewerbungsrollenspieles erprobt und gefestigt werden: Jugendliche sollen ihre persönlichen Motive zielorientiert darstellen, die eigenen Stärken einbringen sowie den Umgang mit individuellen Schwächen üben. Weiteres Ziel ist dabei, mögliche Ängste und Unsicherheiten vor einem echten Bewerbungsgespräch zu mildern und möglichst in Interesse/Neugier bzw. für eine neue Chance umzuwandeln.

Weil sich dabei Unterschiede zwischen dem eigenen Empfinden und der Wirkung auf die Zuschauer offenbaren können, wird ein genaues und konzentriertes Beobachten und anschließende Analyse einzelner Rollenspiele mit Hilfe eines Beobachtungsbogens unterstützt.

⌛ ca. 60 Minuten

M OHP und Arbeitblatt 5.8 (für jede Kleingruppe ein Exemplar), OHP und Arbeitsblatt 5.9 (für jeden Schüler), Folienstift

Beobachtungsbogen

Klassengespräch

Die Kleingruppen (3 bis 4 Schüler) dürfen sich einen Beruf aussuchen, für welchen sie sich bewerben, und den sie in einem Rollenspiel erproben. Jedes Gruppenmitglied soll einmal Beobachter, Bewerber und Personalchef sein. Dazu wird pro Gruppe nur ein Exemplar des Beobachtungsbogens (vgl. Vorlage 5.8 auf S. 132 und auf CD-ROM) ausgegeben. Vorab wird dieser Beobachtungsbogen auf Folie gezeigt und mit den Jugendlichen besprochen:

Im Folgenden simuliert ihr in Gruppen Bewerbungsgespräche. Jeder schlüpft einmal in die Rolle des Personalchefs, des Beobachters sowie des Bewerbers. Auf diesem Bogen werden Verhalten, Wirkung, Körpersprache sowie die inhaltlichen Äußerungen des Bewerbers notiert. Zudem halten die Beobachter positive und negative Aspekte des Gespräches fest.
Der jeweilige Beobachter der Gruppe füllt für den betreffenden Bewerber eine Zeile im Bogen aus und reicht ihn für das nächste Gespräch an den neuen Beobachter weiter.

Beispielrollenspiel

Klassengespräch

⌛ ca. 15 Minuten

Zur Verdeutlichung der Übung wird als Beispiel ein Rollenspiel mit drei Freiwilligen vor der Gruppe durchgeführt. Die Jugendlichen sollen sich am folgenden schematischen Ablauf orientieren: Begrüßung, Fragen, Abschied.

Rollenspiele

Kleingruppenarbeit

⌛ ca. 25 Minuten

Beginn der Gruppenarbeit.

Führt nun in euren Gruppen Bewerbungsgespräche. Am Gesprächsende gibt zuerst der Bewerber, dann der Beobachter ein kurzes Feedback.
Wenn sich alle Mitglieder einmal vorgestellt haben, gebt ihr euch gegenseitig bitte eine konstruktive Rückmeldung – betont, was schon sehr gut gelungen ist, und macht euch gegenseitig „Komplimente", erwähnt aber bitte auch jene Aspekte, die noch ausbaufähig sind. Evtl. könnt ihr euch hierfür Tipps geben. Für die Rollenspiele habt ihr etwa 25 Minuten Zeit, d. h. pro Gespräch ca. 5 bis 7 Minuten.

♫ Musik zum Ende der Arbeitsphase

Alle Gruppen haben nun mehrere Rollenspiele durchgeführt. Damit wir alle für die Zukunft davon profitieren können, wollen wir die Arbeiten gemeinsam besprechen.

Besprechung der Gruppenergebnisse

Klassengespräch

⌛ ca. 15 Minuten

Besprechung der Gruppenergebnisse anhand der Notizen auf dem Beobachtungsbogen. Um die Ergebnisse und Rückmeldungen zu fixieren, wird der Feedbackbogen (vgl. Vorlage 5.9 auf S. 133 und auf CD-ROM) an die Jugendlichen ausgeteilt und jeder notiert die Aspekte, welche die Teilnehmer der Kleingruppen vortragen.

- Wie erlebte eure Gruppe die Bewerbungsgespräche?
- Was habt ihr auf den Beobachtungsbögen eingetragen?
- Was ist euch besonders positiv aufgefallen?
- Was wurde falsch gemacht?
- Wie könnte man es verbessern?

Die Erfahrungen und die Rückmeldungen, die ihr in der Gruppe gemeinsam sammelt, sollt ihr auf dem Feedbackbogen eintragen und ihn anschließend in eurer SMS-Mappe abheften.

Falls der Klasse das selbstständige Mitschreiben Schwierigkeiten bereiten sollte, kann der Trainer die Kommentare der Jugendlichen auf der Folie notieren. Der Trainer sammelt die Beobachtungsbögen der Kleingruppen ein und kopiert sie, damit jeder Jugendliche ein Exemplar seiner Gruppe in die SMS-Mappe abheften kann.

Blitzlicht

Der Schwerpunkt „Bewerbung“ in der fünften Station ist nun beendet. Kapitel 5.8 und 5.9 widmen sich nun dem Thema „Selbstständigkeit“.

5.8 Wir gründen ein Unternehmen

Überblick:
Ihren Eigenschaften und persönlichen Stärken entsprechend bringen sich die Jugendlichen in ein Gemeinschaftsprojekt ein. Dabei tauschen sie sich innerhalb der Kleingruppen zielorientiert über die eigenen Fähigkeiten sowie über die Fähigkeiten anderer aus.

ca. 30 Minuten

M Vorlage 5.10 (als Plakat oder Folie), bunte DIN A3-Blätter (oder größer), verschiedene Produkte (aus Zeitschriften ausgeschnitten), z. B. Werbeanzeigen für Kosmetik, Turnschuhe, Uhren, alkoholfreie Getränke, Pflanzen, Backwaren, Autos, Motorräder, Multimedia etc.

Einleitung

Klassengespräch

Die Klasse wird zunächst in Gruppen eingeteilt, die jeweils ein Unternehmen verkörpern, das ein bestimmtes Produkt herstellen möchte. Mit Hilfe der Gründungskriterien (auf Plakat/Folie, vgl. Vorlage 5.10 auf S. 134 und auf CD-ROM) wird die Aufgabe eingeleitet. Die Zeitungsausschnitte mit Produktbeispielen werden an der Tafel präsentiert.

Jede Gruppe soll ein Unternehmen gründen, welches etwas produzieren möchte. An der Tafel sind Zeitungsausschnitte mit verschiedenen Produkten, jede Gruppe entscheidet sich für eines und klebt dieses in die Mitte eines bunten DIN A3-Blattes. Weil das Unternehmen auch entsprechende Personalposten benötigt, sollt ihr bei der Firmengründung nach dem Plakat bzw. der Folienvorlage vorgehen. Dabei werden eure Namen und entsprechend eure Aufgabenbereiche (Stelle bzw. Position) um das zu erstellende Produkt herum angeordnet.

Damit die Jugendlichen wissen, wie sie ihre Plakate gestalten können, zeichnet der Trainer das in Abbildung 4 dargestellte Schema an die Tafel:

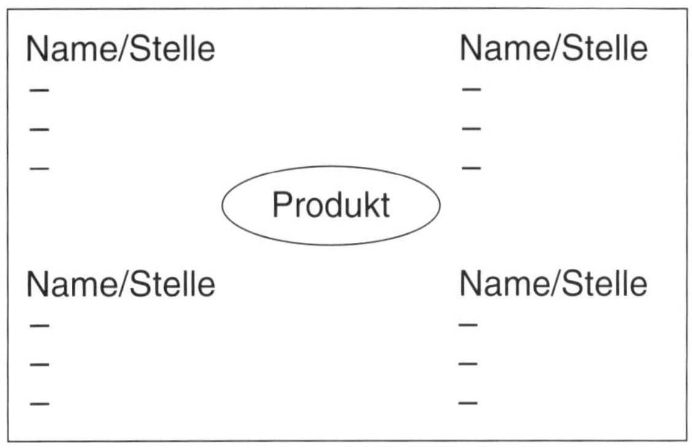

Abbildung 4: Tafelanschrift für ein Plakat zur Unternehmensgründung

Erarbeitung

Kleingruppenarbeit

Für die Gründung eures Unternehmens habt ihr 15 Minuten Zeit.

Musik zum Ende der Arbeitsphase

Ergebnispräsentation

Präsentation

Jede Kleingruppe stellt ihr Plakat der Unternehmensgründung vor. Anschließend werden alle Plakate im Klassenzimmer aufgehängt.

Alternative: Die Unternehmensgründungs-Plakate können fotografiert und die Fotos in der SMS-Mappe abgeheftet werden.

Blitzlicht

5.9 Strategie-Map

Überblick:

Ein Projekt ist durch potenzielle anfängliche Misserfolge nicht grundsätzlich zum Scheitern verurteilt. Genaue Planungen und Strategien sowie Optimierungsbereitschaft und zielorientierte Weiterarbeit können Erfolge dennoch herbeiführen. Durch eine Simulation sollen Jugendliche ihre strategische Planungskompetenz erproben bzw. stärken.

⌛ ca. 35 Minuten

M Arbeitsblatt 5.11, bunte DIN A3-Blätter

Hinführung

🚹 ⇔ 🚹🚹🚹 Klassengespräch

Die Aufgabe wird eingeführt, Wünsche und Ideen der Jugendlichen gesammelt. Bildung interessenhomogener Kleingruppen.

Ihr gründet eine Gruppe, z. B. eine Musikgruppe/Sportgruppe/Lerngruppe/künstlerisch-kreative Gruppe etc. und wollt gemeinsam mit euren Teamkollegen ein ganz großes Ziel erreichen. Beispielsweise eine eigene CD produzieren, eine Meisterschaft gewinnen/eine Abschlussprüfung bestehen oder eine Ausstellung veranstalten. Erstellt nun auf einem Plakat das Erfolgsprogramm eures Teams. *Besonders wichtig:* Alle Ideen müssen diskutiert, geprüft und möglichst berücksichtigt werden.
An vielen Stellen werden alternative Herangehensweisen möglich sein; deshalb erstellen wir keinen eindimensionalen Plan, bei dem ein Schritt nach dem anderen abgearbeitet wird, sondern einen, der mögliche Abzweigungen für die Zielerreichung bietet. Allerdings müsst ihr dennoch darauf achten, dass das Ziel innerhalb eines akzeptablen Zeitrahmens erarbeitet werden kann.

Zur Verdeutlichung zeichnet der Trainer eine Strategie-Map schematisch an die Tafel (vgl. Abb. 5).

Erarbeitung

🚹🚹🚹 Kleingruppenarbeit

⌛ ca. 20 Minuten

Nun habt ihr 20 Minuten Zeit, eine gruppeninterne Strategie-Map zu erstellen. Als Unterstützung hänge ich euch ein Plakat (vgl. OHP 5.11 auf S. 135 und auf CD-ROM) mit hilfreichen Gedanken/Fragen an die Tafel.

♬ Musik zum Ende der Arbeitsphase

Präsentation

🗣 Präsentation

Alle Kleingruppen stellen ihre „Strategie-Map" vor. Auch einzelne Jugendlichen sollen gerne äußern, was sie persönlich als wichtig oder kritisch für die Erreichung und Verfolgung des Ziels sehen.

ϟ Blitzlicht

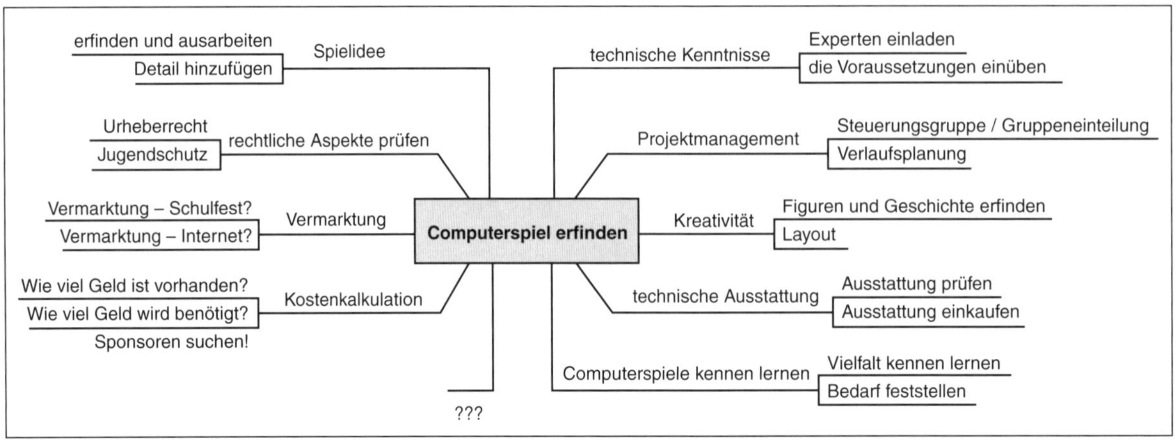

Abbildung 5: Beispiel für Strategie-Map

5. Station – Vorlage 5.1

5.1 Lisa stellt sich vor – Teil 1

5. Station – Vorlage 5.1

5.1 Lisa stellt sich vor – Teil 2

5. Station – Vorlage 5.2

5.2 Stellenanzeige – „Gärtnerin gesucht“

Gesucht

Bundesweit tätiges Filialunternehmen sucht mehrere ______________, engagierte

und ______________ Gärtnerinnen zur ______________ unseres Teams.

Wenn Sie gerne ______________ arbeiten, mit ______________ Sträuße binden und

______________ an Pflanzen haben ______________ Sie perfekt zu uns.

Sind sie darüber hinaus ______________ ganztägig zu arbeiten und haben

______________ in diesem Bereich, dann

______________ Sie sich doch bitte ______________ bei:

Prima Flora Blumen – Shops GmbH,
Postfach 1129
95465 Bad Berneck

5. Station – Vorlage 5.2 (Forts.)

5.2 Stellenanzeige – „Webdesigner gesucht“

Gesucht

Bundesweit tätiges Unternehmen sucht ____________________, engagierte und

____________________ Webdesigner (m/w) zur __________________ unseres Internet-Auftritts.

Das Profil, das Sie interessant macht:

- Abgeschlossene ____
- Kreativität und ____
- Erfahrung im Bereich ____
- Sehr gute Kenntnisse in ____
- Gutes Verständnis im Bereich ____
- __________________ Persönlichkeit
- __________________ Fähigkeit
- Bereitschaft für __________________________ Arbeitsweise

Senden Sie uns bitte Ihre ____________________ Bewerbung per Post oder per E-Mail an:

Digi Net Systemhaus,
Postfach 1129
95465 Digithausen
job@digisys.net

5. Station – Vorlage 5.3

5.3 Kriterien zur Anzeigenanalyse

- Firmenphilosophie
- Produkte oder Dienstleistungen des Unternehmens
- Das gegebene Arbeitsumfeld bzw. Team
- Die gesuchte Position
- Welche Aufgaben sind bei dieser Stelle zu bearbeiten?
- Ausbildung (was sind notwendige Anforderungen)
- Wird eine fachliche Zusatzqualifikation gefordert?
- Sollen Zusatzqualifikationen erworben werden? (während oder nach der Arbeitszeit)
- Rahmenbedingungen im Unternehmen
- Entwicklungsmöglichkeiten im Rahmen dieser Arbeitsstelle oder im Unternehmen
- Quellen für weitere Infos

5. Station – Vorlage 5.3 (Forts.)

Stellenanzeige – Anzeige 1

Die XY Gruppe ist in den Bereichen Zeitarbeit und Arbeitsvermittlung tätig. Mit 25 Standorten decken wir den Süden Deutschlands und Teile Österreichs ab.

Wir suchen ab sofort (m/w):

Industriemechaniker/Mechatroniker

Sie bedienen verschiedene CNC-Maschinen

Holzmechaniker

Erste Berufserfahrungen an CNC-Holzbearbeitungsmaschinen sind von Vorteil

Sie sollten mobil, flexibel und schichtbereit sein

Wir bieten:
- Beschäftigung beim führenden Hersteller für Möbel
- übertarifliche Bezahlung

Bewerben Sie sich in einer unserer Filialen

Gartenburgstraße 88, 88888 Garten
Sofastraße 99, 99999 Sofa
Stuhlbeinstraße77 , 77777 Stuhlbein

Stellenanzeige – Anzeige 2

Die evangelische Kirchengemeinde Lachstadt sucht für ihre zweigruppigen Kindergarten im Lachweg

Eine/n Erzieher/in als Zweitkraft

Die Stelle hat einen Umfang von 100% und ist auf ein Jahr befristet. Arbeitsbeginn baldmöglichst.

Wir erwarten eine Persönlichkeit, die sich mit den religionspädagogischen Zielen unseres Kindergartens identifiziert.

Bewerbungen senden Sie bitte an das

Evangelische Pfarramt
Lachweg 111
11111 Lachstadt

5. Station – Vorlage 5.3 (Forts.)

Stellenanzeige – Anzeige 3

Reiseverkehrskaufleute w/m im Bereich Verkauf in Vollzeit und Teilzeit

„Ein Stillstand bedeutet Rückschritt“ die hallo GmbH bietet ständige bewegende Erfahrungen.

Für hallo GmbH suchen wir zum 1.11. sowie 1.12. diesen Jahres eine/n Reiseverkehrskaufleute w/m im Bereich Verkauf in Vollzeit und Teilzeit.

- *Ansprechpartner für unsere Vertriebspartner im Agenturvertrieb von der Beratung unserer Produkte bis zur Abwicklung von Buchungen.*
- *Aktiver Verkauf von Zusatzleistungen*
- *Hilfestellung bei Fragen zu unseren Buchungssystemen und kompetente Abwicklung von Kulanzvorgängen*

- *Ausbildung zur/zum Reiseverkehrskauffrau/-mann*
- *Sehr gute Anwendungserfahrung in YOGA.minus*
- *Routiniert im Umgang mit PC-Standardprogrammen*
- *Kommunikationsstärke*
- *Qualitäts- und Servicedenken*
- *Sympathisches und verbindliches Auftreten, Einfühlungsvermögen und Teamfähigkeit*
- *Großes Interesse, Neues zu erlernen*
- *Gutes geographisches Wissen*
- *Sprachkenntnisse von Vorteil*
- *Flexibler Arbeitseinsatz auch an Tagesrandzeiten und am Samstag*

Es sind mehrere Stellen zu besetzen. Bei externer Besetzung, auch aus anderen Konzerngesellschaften, erfolgt die Einstellung grundsätzlich befristet.
Wir sind offen für Menschen verschiedener Herkünfte, Erfahrungen und Überzeugungen.

Bitte teilen Sie uns mit, wenn wir Ihre Bewerbung auch an andere Gesellschaften unseres Konzerns weiterleiten dürfen.

wwww.hallogmbh.hallo

Stellenanzeige – Anzeige 4

Einzelhandelskauffrau/mann

in Vollzeit (5 Tage/Woche), für coffee boutique Betreuung in Annastadt gesucht. Sofort. Gepflegtes Erscheinungsbild, motiviert, kommunikationsstark, teamfähig. Erfahrungen im Verkauf von Vorteil, Lebenslauf u. Lichtbild bitte an:

Marketing coffee und Co.
Annastraße
33333 Annastadt

5. Station – Vorlage 5.3 (Forts.)

Stellenanzeige – Anzeige 5

The Green Company Wir sind die deutsche Tochter der amerikanischen Groupe „GREEN", einem der größten Hersteller für Bindedraht und weitern Produkten für Floristik mit weltweit mehr als 10000 Mitarbeitern. Unsere Vertriebsmitarbeiter arbeiten von ihrem Wohnort aus, wodurch wir Kundennähe und optimale Kundenbetreuung vor Ort erzielen. The Green Company - Personalabteilung - West 33 33333 West Besuchen Sie uns auf unserer Homepage wwww.The.Green.Company	Wir wachsen weiter und suchen zur Verstärkung unseres Vertriebsteams einen weiteren **Regionalvertriebsberater (m/w)** **für den Verkauf an unsere floristischen Kunden** **Ihre Aufgaben:** – Sie vertreiben unsere bewährte und innovative Produktpalette an Floristen als Endverbraucher. – Sie betreuen und begleiten unsere Kunden im Einsatz unserer Produkte und den Agrarhandel als Kooperationspartner der Floristenorganisation. **Ihr Profil:** – Sie verfügen über Kenntnisse in der Floristik. – Sie verfügen über erste Erfahrungen im Vertrieb. **Wir bieten:** – Einen unbefristeten Arbeitsvertrag in Festanstellung mit professioneller Einarbeitung, erfolgsabhängige, leistungsgerechte Vergütung ohne Kappungsgrenze sowie einen neutralen Firmenwagen, der Ihnen auch zur privaten Nutzung zur Verfügung steht. – Solide und ständige Produkt- und Vertriebsschulungen mit eigenen Mitarbeitern. – Ein eigenes Vertriebsgebiet in enger Zusammenarbeit mit den floristischen Handelspartnern. *Ehrlichkeit und Verlässlichkeit sowie selbständiges Arbeiten mit Fleiß und Einsatzfreude setzen wir voraus.* Interessiert? Dann bewerben Sie sich bei uns. Übersenden Sie dafür bitte Ihre vollständigen Unterlagen an unsere Personalabteilung. Bitte beziehen Sie sich auf diese Anzeige.

5. Station – Vorlage 5.3 (Forts.)

Stellenanzeige – Anzeige 6

Salat& ☺☺☺☺☺☺☺☺☺
Tochter ☺☺☺☺☺☺☺☺☺

Wir sind ein Unternehmen der Salat & Tochter AG, die mit ca. 600 Mitarbeitern einen Umsatz von über 100 Mio. € auf verschiedenen Gebieten der Metallverarbeitung erzielt. Man kennt uns als leistungsstarkes und innovatives Unternehmen der Blechproduktion mit den Schwerpunkten Weißblech und Buntblech. Unser Spezialgebiet ist die Fertigung von mittleren Serien für verschiedene Branchen. Wir sind in den letzten Jahren kontinuierlich gewachsen und haben unsere Marktposition durch eine klare Fokussierung auf die Kundenbedürfnisse und durch eine dynamische Investitionspolitik stetig ausgebaut.

Zur Verstärkung unseres Teams suchen wir zum nächstmöglichen Termin eine/n Mitarbeiter/in für unsere

Materialwirtschaft/Arbeitsvorbereitung

Wir haben unsere Einlaufs- und Fertigungsdisposition sowie unsere Arbeitsvorbereitung kundenorientiert zu einem Auftrags- und Dispositionszentrum zusammengelegt. Für einen ausgewählten, überwiegend englischsprachigen Kundenkreis übernehmen Sie folgende Aufgaben.

- Kaufmännische und technische Auftragsbearbeitung
- Einkaufs- und Fertigungsdisposition
- Auftragsverfolgung
- Aktive Kundenbetreuung und -information

Vor diesem Hintergrund bringen Sie folgende Voraussetzungen mit:

- Mindestens abgeschlossene kaufmännische und/ oder technische Berufsausbildung
- Mindestens einjährige Berufserfahrung in einer vergleichbaren Stelle eines metallverarbeitenden Unternehmens

Zusätzlich erwarten wir:

- Erfahrungen mit DV-gestützter Auftragsbearbeitung
- Erfahrungen im Umgang mit Kunden und/ oder Lieferanten
- Sicherer Umgang mit den MS-Office-Produkten
- Gutes Englisch in Wort und Schrift
- Flexibilität und hohe Leistungsbereitschaft

Sie haben durch Ihren bisherigen beruflichen Werdegang Ihre Zielstrebigkeit im Umfeld der Metallverarbeitung unter Beweis gestellt und können dies durch Ihre aussagefähigen Bewerbungsunterlagen belegen.

Wenn Sie an dieser vielseitigen und verantwortungsvollen Aufgabe in einem gut etablierten Unternehmen mit interessantem technologischen Umfeld und einer Arbeit mit netten, teamorientierten Kollegen interessiert sind, richten Sie Ihre Bewerbungsunterlagen bitte an Chiffre: xyz

5. Station – Vorlage 5.4

5.4 Talente-Hitliste

- Nenne zuerst deine wichtigste Stärke, dann drei bis sechs weitere Stärken.
- Formuliere zu jeder Stärke einen überzeugenden Satz.
- Nenne nun zwei bis drei Schwächen.
- Versuche deine Schwächen ebenfalls in einem Satz so zu beschreiben, dass sie nicht negativ, sondern positiv formuliert sind. (Beispiel: „Ich bin ungeduldig, aber dies hilft mir auch, eine Arbeit schnell und zielgerichtet zu Ende zu bringen".)

Stärken	**Einen überzeugenden Satz dazu**
Schwächen	**Einen positiv formulierten Satz dazu**

5. Station – Vorlage 5.5

5.5 Auf Stellensuche

Berufe für HS	**Berufe für RS**
KFZ- Mechatroniker/in	Bürokauffrau/mann
Bäcker/in	Grafiker/in
Koch/Köchin	Physiotherapeut/in
Maler/in und Lackierer/in	Bankangestellte/r
Frisör/in	Buchhändler/in
Kosmetiker/in	Versicherungskauffrau/mann
Kinderpfleger/in	Erzieher/in
Goldschmied/in	Buchhalter/in
Einzelhandelskauffrau/mann	Rechtsanwaltsfachangestellte/r
Maurer	Zahntechniker/in

5. Station – Vorlage 5.6

5.6 Machen nur Kleider Leute?

- Kompetenz und Expertentum
- Attraktivität
- Status und Prestige
- Glaub- und Vertrauenswürdigkeit
- Offenheit

✂...

- Kompetenz und Expertentum
- Attraktivität
- Status und Prestige
- Glaub- und Vertrauenswürdigkeit
- Offenheit

✂...

- Kompetenz und Expertentum
- Attraktivität
- Status und Prestige
- Glaub- und Vertrauenswürdigkeit
- Offenheit

✂...

- Kompetenz und Expertentum
- Attraktivität
- Status und Prestige
- Glaub- und Vertrauenswürdigkeit
- Offenheit

✂...

- Kompetenz und Expertentum
- Attraktivität
- Status und Prestige
- Glaub- und Vertrauenswürdigkeit
- Offenheit

✂...

5. Station – Vorlage 5.7

5.7 Fit für das Bewerbungsgespräch!

- „Bitte stellen Sie sich selbst vor!“
- „Wie würden Sie sich selbst beschreiben?“
- „Wie stellen Sie sich Ihre berufliche Zukunft vor?“
- „Was tun Sie, um Ihr berufliches Ziel zu erreichen?“
- „Welche Stärken haben Sie?“
- „Welche Schwächen haben Sie?“
- „Wie sind Sie auf uns gekommen?“
- „Was wissen Sie über unser Unternehmen?
- „Aus welchem Grund haben Sie sich bei uns beworben?“
- „Aus welchen Gründen sollten wir uns für Sie entscheiden?“
- „Möchten Sie sich beruflich weiterbilden?“
- „Sind Sie bereit für interne Schulungen?“

5. Station – Vorlage 5.8

5.8 Bewerbungsrollenspiel – Beobachtungsbogen

	Körperhaltung/ Gesichtsausdruck ☺ ☹	Inhalt/Argumente ☺ ☹	Wirkung
Name des Bewerbers ___________			
Name des Bewerbers ___________			
Name des Bewerbers ___________			
Name des Bewerbers ___________			

5. Station – Vorlage 5.9

5.9 Bewerbungsrollenspiel – Feedbackbogen

☺ Was war gut?	☹ Was ist zu verbessern?	Wie ist es zu verbessern?

5. Station – Vorlage 5.10

5.10 Wir gründen ein Unternehmen

- Was will das Unternehmen produzieren?
- Welche Stellen müssen (können) besetzt werden, damit das Produkt erfolgreich hergestellt werden kann? Jeder arbeitet dabei mit, z.B. auch eine Sekretärin, die nicht unmittelbar an der Produktion beteiligt ist.
- Warum soll jemand aus eurer Gruppe genau diese Position bekommen? Begründe deine Entscheidung! (Beispiel für eine Begründung: Ein Manager kann gut organisieren, sprechen und kleidet sich angemessen.)
- Jede Gruppe stellt ihr Produkt und die Posten vor, welche die Mitglieder eingenommen haben.

5. Station – Vorlage 5.11

5.11 Strategie-Map

- Hilfreiche Gedanken und Fragen für die gruppeninterne Planung:
- Definiert euer Ziel: Was und wann möchtet ihr erreichen?
- Konkrete Schritte zur Zielerreichung
- Was muss jeder von euch in die Gruppe einbringen, damit ihr gemeinsam erfolgreich sein könnt?
- Welche Schwierigkeiten und Rückschläge können auftreten?
  Was macht ihr, um diese zu vermeiden bzw. beheben?
- Welche Aufgaben/Bedingungen/Schritte sind „**notwendig**“ und welche können als „**alternativ**“ angegangen werden?
- Denkt euch Strategien aus, um euch motivieren zu können, wenn einmal die Lust bei eurer Zielverfolgung verloren gehen sollte.

6. Station: Ressourcen – Handlungsalternativen und Selbstakzeptanz

Die letzte Station der zweiten Trainingsstufe fokussiert die individuellen Ressourcen. In der ersten Aufgabe „Hast du einen Tipp für mich?“ wird erneut über die Handlungsmöglichkeiten fiktiver Personen in fiktiven Situationen gesprochen. Die eigene strategische Vorgehensweise der Jugendlichen in schwierigen Situationen sowie ihre Handlungs- und Problemlösekompetenz soll durch die distanzierte Betrachtung und insbesondere Beratung von Gleichaltrigen gefördert werden. Des Weiteren erfolgt in „Du bist einzigartig – ich bin einzigartig“ ein wiederholender Rückblick auf individuelle Stärken und Eigenschaften, die einen von anderen unterscheiden. Dadurch wird die Wahrnehmung der eigenen Stärken erneut geschult, das Selbstwertgefühl gestärkt und die Selbstakzeptanz gefördert. In der abschließenden Aufgabe „My name is …“ erfolgt eine offene und spielerische Wiederholung individueller positiver Eigenschaften und Merkmale. Jeder Jugendliche soll anhand der Buchstaben seines Namens ein positives Bild über sich selbst gewinnen.

6.1 Hast du einen Tipp für mich?

Überblick:
Die vorliegenden Beispiele beziehen sich auf vier Problemkreise der Jugendlichen in denen ein akzeptierender und offener Umgang mit Schwächen gefordert ist. Die Suche nach Problemlösungen aus der Distanz kann entscheidend zur Problemlösekompetenz beitragen. Ziel ist es deshalb, die Erfahrungen und somit das Handlungsrepertoire der Jugendlichen zu erweitern, welches sie verinnerlichen und auf persönliche Situationen übertragen können.

⌛ ca. 30 Minuten

M Arbeitsblatt 6.1

Lösungsalternativen

Partnerarbeit

⌛ ca. 20 Minuten

Nach Austeilung des Arbeitsblattes 6.1 (vgl. S. 139 und CD-ROM) leitet der Trainer die Aufgabe ein:

> Ihr lest auf diesem Arbeitsblatt Situationen, die euch so oder ähnlich im Alltag begegnen könnten oder begegnet sind. Findet in Partnerarbeit gemeinsam eine Lösung für die Situation. Was würdet ihr den Protagonisten raten? Ihr habt ca. 15 Minuten Zeit.

Die Jugendlichen sollen hier auch die situativen Schwächen bzw. Probleme herausfinden. Beispiele für Lösungsalternativen, welche die Jugendlichen in Partnerarbeit erarbeiten sollen, könnten wie in Tabelle 4 dargestellt aussehen:

Tabelle 4: Beispiele für Lösungsalternativen

Situation	Beispiele für Lösungsalternativen
Torben geht nach der Schule noch in die Metzgerei, um sich noch etwas zu kaufen. Die Verkäuferin nimmt von ihm keine Notiz und fragt nur die Erwachsenen nach ihren Wünschen. *Was sollte er jetzt tun?*	Thema: SELBSTBEHAUPTUNG Sich etwas lauter, aber höflich bemerkbar machen. Aus dem Geschäft gehen: Eventuell mit Erwachsenen wiederkommen.
Eine entscheidende Klassenarbeit steht nächste Woche an. Da er versetzungsgefährdet ist, braucht er eine gute Note, obwohl er das Fach nicht mag. *Was könnte ihm helfen?*	Thema: MOTIVATION Auch mal Nein sagen, wenn andere sich nachmittags mit einem treffen wollen. Andere um Hilfe bitten, mit einem zu lernen.

Tabelle 4: Fortsetzung

Martina hat beim Turnen die Radwende vom Balken prima geschafft. Dafür wird sie von der Trainerin gelobt. Ihre Freundin Nathalie hat Schwierigkeiten dabei, möchte aber diese Übung unbedingt schaffen. *Wie kann Martina ihr helfen?*	Thema: FÄHIGKEIT Modelllernen: Martina kann es ihr gut vormachen.
Lisa muss sich kurz vor den Sommerferien nun entscheiden, ob sie nächstes Jahr den Unterricht mit technischen oder mit hauswirtschaftlichen Inhalten besuchen will. Ihre Eltern raten ihr, Hauswirtschaft zu machen: „Dies sei doch was für Mädchen und kann für einen späteren Beruf nützlich sein.“ Dabei hat ihr Technik Spaß gemacht außerdem bekam sie für ihr Vogelhäuschen eine gute Note. Ihre Freundinnen wollen alle in Hauswirtschaft gehen. *Wie sollte sie sich entscheiden?*	Thema: SELBSTORIENTIERUNG Lisa sollte das tun, was sie persönlich für richtig erachtet. Dies bedeutet zudem, nicht immer danach zu schauen, was die Freundinnen machen. Sie sollte ihre eigenen Ziele verfolgen.

♫ Musik zum Ende der Arbeitsphase

Präsentation

🚹 ⇔ 🚹 🚹 🚹 Klassengespräch

Damit den Jugendlichen eine möglichst große Bandbreite von Lösungsvorschlägen vergegenwärtigt wird, stellt jedes Paar seine Ergebnisse vor. Allerdings werden nur neue Handlungsalternativen genannt und bereits präsentierte nicht mehr wiederholt.

> Stellt bitte eure Ergebnisse vor, nennt dabei aber bitte nur neue Lösungen, die eure Mitschüler nicht schon vorgeschlagen haben.

ϟ Blitzlicht

6.2 Du bist einzigartig – ich bin einzigartig!

Überblick:
Selbstakzeptanz und ein starkes Selbstwertgefühl sind wichtige Kriterien, um sich in eine Gruppe aktiv einzubringen und dort als erfolgreiches Mitglied erleben zu können. Um dies zu unterstützen wird in dieser Übung die Einzigartigkeit der Jugendlichen ins Zentrum gerückt.

⌛ ca. 25 Minuten

M Arbeitsblatt 6.2, leere weiße Blätter (DIN A4), Buntstifte

Meine Einzigartigkeit

🚹 Einzelarbeit und 🚹 🚹 🚹 Kleingruppenarbeit

Der Trainer gibt einige einführende Informationen zur bevorstehenden Aufgabe:

> Jeder von euch bekommt nun ein Arbeitsblatt, auf dem der Umriss eines Wappens zu sehen ist (vgl. S. 140 und CD-ROM). Überlegt vier Aspekte, die euch einzigartig machen (z. B. Stärken, besondere Fähigkeiten, Kompetenzen, Erlebnisse, die euch von anderen Personen unterscheiden, etc.). Welche Einzigartigkeit würden andere von euch benennen? Für jeden dieser Aspekte macht ihr eine kleine Zeichnung oder auch nur ein Symbol auf euer Wappen. Wenn ihr die vier Symbole gezeichnet habt, besprecht ihr mit dem Sitznachbarn, weshalb ihr euch für das jeweilige Merkmal entschieden habt. Ihr habt ca. 15 Minuten Zeit.

♫ Musik zum Ende der Arbeitsphase

Präsentation der Wappen

O Sitzkreis

Die Wappen werden jeweils vom Partner im Sitzkreis vorgestellt.

Kommt bitte mit euren individuellen Wappen in den Sitzkreis und stellt euren Partner vor. Jeder von euch begründet selbst, weshalb er sich für genau DIESE Einzigartigkeiten entschieden hat.

ϟ Blitzlicht

6.3 „My name is…"

Überblick:
Eine spielerische und ganz persönliche Reflexion und Festigung von eigenen positiven Eigenschaften. Dabei soll sich für die Schüler ein positives Bild über sich Selbst ergeben.

⌛ ca. 10 Minuten

M OHP 6.3, unbeschriftete, gelochte DIN A5-Blätter

Arbeitsphase

🚶 Einzelarbeit

Mit dem Beispiel auf der Folie 6.3 (vgl. S. 141 und CD-ROM) wird die Aufgabe eingeführt und es werden die weißen Blätter ausgeteilt.

Jeder bekommt ein letztes Blatt für die SMS-Mappe. Schreibt senkrecht euren Vornamen auf. Nun sucht ihr zu jedem Buchstaben ein Motiv, eine persönliche Stärke oder eine Eigenschaft, die ihr über euch herausgefunden habt, und die nützlich für eure beruflichen Ziele sind. Der Buchstabe eures Namens muss also nicht immer der Anfangsbuchstabe des Wortes sein.

Beispiel:

Pünktlich
Te***a***mfähig
ged***u***ldig
f***l***eißig

♫ Musik zum Ende der Arbeitsphase

ϟ Blitzlicht

6. Station – Vorlage 6.1

6.1 Hast du einen Tipp für mich?

Situation	Wie lautet dein Vorschlag?
Torben geht nach der Schule in die Bäckerei, um sich noch etwas zu kaufen. Die Verkäuferin nimmt von ihm aber keine Notiz und fragt nur die Erwachsenen nach ihren Wünschen. *Was sollte er jetzt tun?*	
Eine entscheidende Klassenarbeit steht nächste Woche an. Da Mike versetzungsgefährdet ist, braucht er eine gute Note, obwohl er das Fach nicht mag. *Was könnte ihm helfen?*	
Martina hat beim Turnen die Radwende vom Balken prima geschafft. Dafür wird sie von der Lehrerin gelobt. Ihre Freundin Nathalie hat Schwierigkeiten, möchte aber diese Übung unbedingt schaffen. *Wie kann Martina ihr helfen?*	
Lisa muss sich kurz vor den Sommerferien nun entscheiden, ob sie nächstes Jahr den Unterricht mit technischen oder mit hauswirtschaftlichen Inhalten besuchen will. Ihre Eltern raten ihr, Hauswirtschaft zu machen. „Dies sei doch was für Mädchen und kann für deinen späteren Beruf nützlich sein.“ Dabei hat ihr Technik Spaß gemacht außerdem bekam sie für ihr Vogelhäuschen eine gute Note. Ihre Freundinnen wollen alle in Hauswirtschaft gehen. *Wie sollte sie sich entscheiden?*	

6. Station – Vorlage 6.2

6.2 Du bist einzigartig – ich bin einzigartig

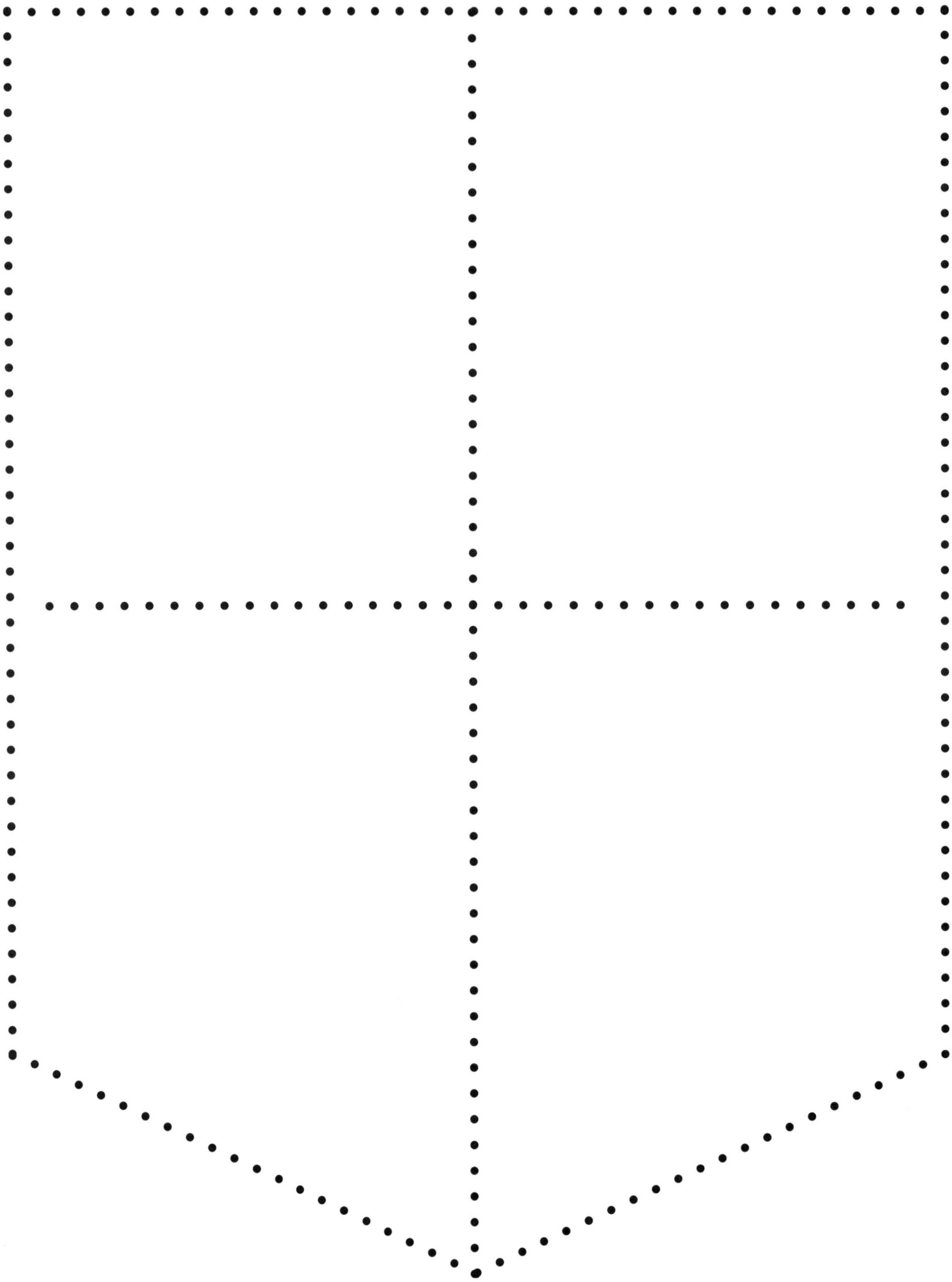

6. Station – Vorlage 6.3

6.3 „My name is …“

Beispiel:

PÜNKTLICH
TE**A**MFÄHIG
GED**U**LDIG
F**L**EIßIG

7. Optional

7.1 Erarbeitung von Gesprächs- und Feedbackregeln *(lange Version)*

Überblick:
Sofern der Trainer dies als wichtig erachtet, kann das Regelplakat am Anfang des Trainings von den Jugendlichen selbst entwickelt werden. Diese Form der Regelfindung stärkt die Reflexions- und Argumentationsfähigkeit sowie die strategische Kompetenz zur Konfliktprävention.

⌛ ca. 30 Minuten

M Arbeitsblatt 7.1, Klebepunkte, große Plakate und dicke Filzschreiber, um das „Regelplakat“ zu erstellen, Mitteilungsbox (z. B. Schuhschachtel).

Falls diese Version der Regelfindung am Trainingsbeginn stattfindet, wird zunächst das Musiksignal als Hinweis für das Ende einer Arbeitsphase eingeführt.

Die Musik als Signal

🚹 ⇔ 🚹 🚹 🚹 Klassengespräch

> Das Abspielen von Musik signalisiert euch das Ende einer Arbeitsphase, jeder beendet mit diesem Zeichen seine Aufgabe. Wenn ihr möchtet, könnt ihr nächstes Mal eure eigene Musik mitbringen.

Nach dieser Ankündigung erläutert der Trainer die anstehende Aufgabe, welche dreistufig verläuft, und teilt das Arbeitsblatt 7.1 (vgl. S. 147 und CD-ROM) aus. Die Aufgabe der Jugendlichen ist, Verhaltensregeln zu formulieren, die aus ihrer Sicht für eine effektive Gruppenarbeit bzw. für Klassengespräche elementar sind.

Erarbeiten von Gesprächs- und Feedbackregeln

a) Individuelle Reflexionsphase

🚹 Einzelarbeit

> Bitte denkt an Kommunikationsprobleme, die bei Gruppenarbeiten immer wieder auftauchen. Jeder notiert dann *3* Regeln für Gespräche, die seiner Meinung nach eingehalten werden sollen. Ihr habt ca. 5 Minuten Zeit!

♫ Musik zum Ende der Arbeitsphase

b) Regelauswahl

🚹 🚹 🚹 Kleingruppenarbeit

> Bildet bitte eine Vierer- bis Fünfergruppe mit Jugendlichen, die neben, vor oder hinter euch sitzen. Jetzt wählt ihr aus euren Regelvorschlägen die *4* wichtigsten Regeln aus und schreibt diese auf ein Plakat und zusätzlich auf euer Arbeitsblatt. Dabei sollt ihr eure Auswahl diskutieren und so einen „Konsens“ (gemeinsame Lösung) finden. Ihr habt 5 Minuten Zeit!

♫ Musik zum Ende der Arbeitsphase

c) Auswahl der 7 Regeln

🚹 ⇔ 🚹 🚹 🚹 Klassengespräch

Alle Plakate werden im Trainingsraum aufgehängt. Durch Punktevergabe werden nun im Plenum „7 (endgültige) goldene Regeln“ festgelegt. Anschließend notieren die Jugendlichen die Regeln auf ihrem Arbeitsblatt und das Plakat wird gemeinsam erstellt.

> Jeder erhält 3 Klebepunkte von mir, die ihr hinter den Regeln anbringt, welche euch am wichtigsten erscheinen. Die *7 Regeln* mit der höchsten Punktzahl werden auf einem Plakat notiert und im Klassenraum aufgehängt.

♫ Musik zum Ende der Arbeitsphase

Das Plakat mit den „7 goldenen Regeln“ aufhängen.

Das Blitzlicht wird eingeführt

🚹 ⇔ 🚹 🚹 🚹 Klassengespräch

Nach jeder Übung ist ein sog. „Blitzlicht" vorgesehen. Hier bekommt ihr die Möglichkeit, kurz eure Gedanken und Erfahrungen mitzuteilen, aber ihr müsst euch nicht unbedingt zu Wort melden. Wer etwas nicht vor der ganzen Klasse äußern möchte, darf die Gedanken auch aufschreiben und anonym in diese Box werfen (ähnlich einem Kummerkasten). Diese Box werde ich nach jeder Trainingseinheit leeren, die Fragen, Anregungen und Meinungen bringe ich gegebenenfalls in das Blitzlicht mit ein.

7.2 Auf leisen Sohlen

Überblick:

Diese Aufgabe kann einerseits als Auflockerung zwischen verschiedenen Übungen, die langes Sitzen erfordern, eingesetzt werden und fördert andererseits auch eine focussierte Körperwahrnehmung. Solche Körperwahrnehmungen helfen, eigene Empfindungen vollständiger wahrzunehmen und können das Selbstbewusstsein bei Auftritten vor Publikum – z. B. Vorstellungsgesprächen – stärken.

⌛ ca. 20 Minuten

M Ein Klassenzimmer mit Teppichboden oder sauberem Boden, Tische und Stühle auf die Seite schieben.

Als Vorbereitung werden gemeinsam alle Tische und Stühle beiseite geschoben, danach dürfen die Jugendlichen ihre Schuhe ausziehen und stellen sich gemeinsam mit dem Trainer in einen Kreis. Der Trainer leitete verschiedene Übungen zur Körperwahrnehmung ein. Nach jeweils etwa 10 Sekunden äußern sich die Jugendlichen zu den Impulsen und ihren individuellen Wahrnehmungen.

Spürt bitte ganz genau wie sich eure Füße anfühlen.
- Fühlen sich die Füße kalt oder eher warm an?
- Fühlen sich die Füße eher schwer oder leicht an?
- Steht ihr eher auf den Zehenspitzen oder auf der Ferse?
- Auf der Innen- oder Außenkante?

Nach dieser Einleitung erklärt der Trainer schrittweise den weiteren Verlauf der Übung und verweist insbesondere auf absolute Ruhe sowie darauf, dass es keinen Körperkontakt geben soll.

Jetzt machen wir noch eine Übung zur Körperwahrnehmung. Da wir hierbei ungeordnet durch den Raum gehen, ist es sehr wichtig, Rücksicht aufeinander zu nehmen. Ein Aufgabenteil ist es zunächst, ohne zu sprechen und ohne gegenseitige Berührungen durch den Raum zu gehen. Alle weiteren Anweisungen bekommt ihr während der Übung.

Die Jugendlichen dürfen nun durch den Raum gehen, nach jeweils etwa 30 bis 50 Sekunden wird die Art und Weise des Gehens geändert:

Geht ganz normal durch den Raum
Rückwärts
Vorwärts auf den Zehenspitzen
Rückwärts auf den Zehenspitzen
Vorwärts auf den Fersen
Rückwärts auf den Fersen
Vorwärts auf der Fußinnenkante
Rückwärts auf der Fußinnenkante
Vorwärts auf der Fußaußenkante
Rückwärts auf der Fußaußenkante
Vorwärts ganz normal
Stellt euch nun bitte ganz ruhig wieder in einen Kreis und verharrt dort ohne jegliche Bewegung.

Nach diesen verschiedenen Möglichkeiten durch den Raum zu gehen, bleiben die Jugendlichen etwa 10 bis 20 Sekunden ruhig im Kreis stehen und spüren wieder die Füße. Anschließend werden die Ausgangsfragen erneut gestellt. Nach jedem einzelnen Fragenimpuls benennen die Jugendlichen ihre Empfindungen.

- Fühlen sich die Füße kalt oder eher warm an?
- Fühlen sich die Füße eher schwer oder leicht an?
- Steht ihr eher auf den Zehenspitzen oder auf der Ferse?
- Auf der Innen- oder Außenkante?
- Fühlt ihr euch nun besser als vor unseren Gehübungen oder eher schlechter? Weshalb?

ϟ Blitzlicht

7.3 Bumerang

Überblick:
Selbstbeschreibung kann in verschiedenen Formen, wie z. B. über Sprache, Körpersprache oder Symbole erfolgen. Aber die Botschaft kommt bei dem „Empfänger" nicht immer so an, wie es geplant war. Jugendliche sollen diese Erfahrung machen und sich dieses Phänomens bewusst werden.

⌛ ca. 20 Minuten

M Stifte, weiße DIN A5-Blätter

Beantworten der Fragen

🚹 Einzelarbeit

Der Trainer teilt die leeren weißen Blätter aus und erklärt, dass drei Satzanfänge vollendet werden müssen. Die Satzanfänge werden an die Tafel geschrieben.

Jeder überlegt für sich allein, wie diese Sätze weitergeführt werden könnten:
- Folgende Tätigkeit würde ich später am liebsten ausführen ...
- Ein wichtiges Hobby von mir ist ...
- Dieses SMS-Training wird gut für mich sein, wenn .../da ...
- Nehmt nun einen Stift und zeichnet für jeden dieser drei Gedanken ein Symbol oder Figur auf eurer Blatt. Ihr habt 5 Minuten Zeit.

♫ Musik zum Ende der Arbeitsphase

Kartentausch

🚹 ⇔ 🚹 🚹 🚹 Klassengespräch und 🚹 🚹 Partnerarbeit

Der Trainer erklärt, was mit den Karten passiert.

Jetzt geht ihr langsam durch den Raum, stellt eure Karte einem Mitschüler vor und tauscht anschließend mit ihm die Karten aus. Nun setzt ihr euren Rundgang fort und stellt die „fremde" Karte jemand anderem aus der Gruppe vor und tauscht diese Karte wiederum aus. Dieser Vorgang wird ca. drei- bis viermal wiederholt.

♫ Musik zum Ende der Arbeitsphase

Ankunft des „Karten-Bumerangs"

O Sitzkreis

Jeder stellt die Karte im Plenum vor, die er jetzt in der Hand hat. Der „Designer" der Karte berichtigt, wenn eine Aussage verfälscht wiedergegeben wurde, oder er bestätigt, wenn alle Aussagen stimmen.

ϟ Blitzlicht

7.4 Statement für meinen Wunschberuf

Überblick:
Gegen Ende des Trainings oder nach dem Bewerbungsrollenspiel (vgl. Station 5, Kapitel 5.2) können die Erkenntnisse der Jugendlichen über ihren Wunschberuf, ihre Stärken, die Präsentationsformen und Selbstdarstellungsmöglichkeiten in dieser Übung gebündelt werden. Dabei erfahren die Jugendlichen erneut, dass situationsadäquate, ansprechende Gestik und Mimik die persönlichen Aussagen unterstreichen oder auch schwächen können.

⌛ ca. 50 Minuten

M DIN A4-Blätter

Erarbeiten des Statements

🚹 Einzelarbeit

Zuerst erarbeiten die Jugendlichen ein Statement zu der Frage „Weshalb ist dein Wunschberuf der geeignete für dich?".

Nehmt euch bitte ein leeres Blatt zur Hand und beantwortet darauf in 4 bis 6 Sätzen die Frage: „Weshalb ist dein Wunschberuf der geeignete für dich?". Erinnert euch dabei an eure individuellen

Stärken und Eigenschaften. Zeigt auf, weshalb ihr für diesen Beruf „wie geschaffen" bzw. „der Richtige" seid. Ihr habt ca. 7 Minuten Zeit.

♫ Musik zum Ende der Arbeitsphase

Präsentation

O Sitzkreis

In der Klasse wird eine große Präsentationsfläche vorbereitet. Die Klasse sitzt im Halbkreis. Die Jugendlichen sollen während des Statements ihre Aussage möglichst lebendig und anschaulich durch gezielten Einsatz von Gestik, Mimik sowie Körpersprache (am Satzende Pausen, Blickkontakt zu Mitschülern, durch den Raum gehen ...) unterstreichen.

Nun dürft ihr nacheinander euer Statement, das etwa 30 Sekunden dauern soll, abgeben. Um bei dieser Kurzpräsentation kompetent und überzeugend zu wirken, solltet ihr euch an folgende Punkte erinnern: die Selbstdarstellungskriterien, sowie die Kriterien für eine gute Präsentation (Freundlicher Gesichtsausdruck – lächeln, schaut eure Mitschüler an, macht am Satzende eine Pause, bleibt nicht immer an einer Stelle im Raum).

Reflexion

🚹 ⇔ 🚹 🚹 🚹 Klassengespräch

Haben alle Jugendlichen ihr Statement abgegeben, erfolgt eine gemeinsame Reflexion. Hauptkriterium ist hierbei die Umsetzung der vorgegebenen zu beachtenden Kriterien.

ϟ Blitzlicht

7.5 Einkaufen mit dem Sparschwein

Überblick:

Hier werden die Jugendlichen mit dem potenziellen Problembereich „Finanzen" konfrontiert. Diese Aufgabe ermöglicht das Bewusstwerden und die Gegenüberstellung der individuellen Bedürfnissen einerseits und des Konsumverhaltens anderseits. Weiterhin wird durch den zweistufigen Aufbau eine Selbstkontrolle dessen ermöglicht, was während der Aufgabe gelernt wurde.

⌛ ca. 70 Minuten (aufgeteilt auf zwei Schultage oder über mehrere Unterrichtsstunden, damit die Jugendlichen nachmittags im Kaufhaus bzw. Supermarkt recherchieren können).

M Arbeitblatt 7.2, Teil 1 und 2, leeres weißes Blatt

Erarbeitung der Punkte 1 bis 3

🚹 🚹 🚹 Kleingruppenarbeit

Die Jugendlichen werden in Kleingruppen eingeteilt und bekommen auf dem Arbeitsblatt 7.2 (vgl. S. 148 und CD-ROM), Teil 1 sechs Arbeitsaufträge, welche sie selbstständig bearbeiten sollen.

Jede Kleingruppe bekommt ein Arbeitsblatt und bearbeitet die Aufgaben 1 bis 3. Für die Aufgaben 1 und 2 habt ihr 15 Minuten Zeit. Für die Aufgabe 3 müsst ihr euch in der Gruppe selbst organisieren und am Nachmittag für Recherchen treffen. (Der Trainer nennt den Zeitpunkt der Weiterbearbeitung der Aufgaben.)

♫ Musik zum Ende der Arbeitsphase

Ergebnisbesprechung

🚹 ⇔ 🚹 🚹 🚹 Klassengespräch

Für diese Arbeitsphase trifft sich die ganze Klasse im Plenum, um die einzelnen „Ergebnisse" zu besprechen. Hauptaugenmerk liegt hier auf der Überprüfung ob die Jugendlichen mit den fiktiven 500 € ausgekommen wären oder ob sie ihr Budget überzogen hätten. Es wird auf die Erkenntnis hingearbeitet, dass dieselben Produkte (z. B. Butter aus dem Discounter vs. Butter aus dem Feinkostgeschäft oder eine Markenjeans vs. eine No-Name-Jeans) sehr unterschiedliche Preise haben können. Als letzter Arbeitsschritt wird eine klasseninterne Preisliste erstellt, auf der alle (!!!) wesentlichen Produkte – mit dem jeweils günstigsten Preis und teuersten – aufgelistet werden.

Nun wollen wir eure kleingruppeninternen Erkenntnisse zusammentragen sowie die Punkte 4 bis 6 des Arbeitsblattes diskutieren und bearbeiten. Für den Arbeitsauftrag Nr. 6 müssen wir noch einen Schriftführer bestimmen, der die Preisliste mitschreibt.

Wie viel gebe ich aus?

Einzelarbeit

Die Jugendlichen bekommen in Einzelarbeit Teil 2 des Arbeitsblattes 7.2 (vgl. S. 149 und CD-ROM) und sollen sich überlegen, wie viel Geld (Euro) sie pro Tag/Woche/Monat für ihren Alltagsbedarf ausgeben. Dabei sollen sie ALLE Ausgaben berücksichtigen (Essen, Getränke, Schulbedarf, Kleidung, Bücher, Zeitschriften, DVDs, Hobbys, Freizeit, etc.). Evtl. können sich die Jugendlichen bei ihren Eltern oder per Internet über Miet- und anfallende Nebenkosten informieren und diese ebenfalls berücksichtigen. Nachdem sie ihre Schätzungen getroffen haben, können sie ihre eigene Liste anhand der „Klassen-Preisliste" überprüfen.

Nun bekommt ihr ein Arbeitsblatt, das ihr selbstständig von der linken zur rechten Spalte bearbeiten sollt. Überlegt euch, welche Dinge ihr dringend oder auch nur ab und zu braucht, und schreibt diese in die Spalten. Schaut dabei bitte immer, was die einzelnen Produkte kosten, und schreibt dies dazu. Wenn ihr alles (!!!) aufgeschrieben habt, summiert ihr die einzelnen Preise auf und könnt feststellen, wie viel Euro ihr in einem Monat benötigt. Ihr habt ca. 15 Minuten Zeit.

♫ Musik zum Ende der Arbeitsphase

Reflexion

Einzelarbeit

Nachdem die Jugendlichen diese Aufgaben bearbeitet haben, sollen sie im Anschluss für sich überprüfen, ob sie mit 500 € im Monat auskommen würden. Wenn nicht, müssen sie überlegen, bei welchen nicht lebensnotwendigen Produkten sie sparen können (z. B. DVDs, Zeitschriften, Kleidung, etc.).

Nun habt ihr 5 Minuten Zeit, eure Kalkulation zu überprüfen. Wenn euch die 500 € pro Monat nicht reichen, müsst ihr überlegen, an welcher Stelle ihr sparen könntet. Beispielsweise bei DVDs, Zeitschriften, Kino etc.

♫ Musik zum Ende der Arbeitsphase

Blitzlicht

7.6 Kartenspiel

Überblick:

In Kleingruppen sollen die Jugendlichen miteinander ins Gespräch kommen und dadurch die Trainingsinhalte zu den verschiedenen Themenbereichen wiederholen. Die Karten werden von den Gruppenteilnehmern nacheinander aufgedeckt und es wird die jeweilige Frage laut vorgelesen. Ein Trainingsteilnehmer versucht, die Frage zu beantworten. Sofern er keine vollständige Antwort geben kann, bieten die anderen Gruppenmitglieder Unterstützung.

ca. 20 Minuten

M Arbeitsblatt 7.3 als Fragekarten, die leeren Felder können von den Trainern nach eigenem Ermessen mit selbst formulierten Fragen ergänzt werden.

Arbeitsphase

Kleingruppenarbeit

Zunächst werden Kleingruppen gebildet. Die Fragekarten werden für jede Gruppe zugeschnitten und auf einen Stoß umgedreht in die Mitte der Gruppentische gelegt. Jeder zieht abwechselnd eine Karte.

Die Karten werden von den Gruppenteilnehmern nacheinander aufgedeckt und die darauf stehende Frage wird laut vorgelesen. Versucht die Frage zu beantworten. Sofern die Antwort nicht vollständig ist oder weitere Lösungen vorstellbar sind, klinken sich die anderen Gruppenteilnehmer ein, um die Antwort zu ergänzen.

Blitzlicht

7. Optional – Vorlage 7.1

7.1 Erarbeitung von Gesprächs- und Feedbackregeln

1. Überlege dir drei wichtige Gesprächsregeln, damit Gespräche in unterschiedlichen Gruppensituationen reibungslos und effektiv verlaufen können.

1. ______________________________

2. ______________________________

3. ______________________________

2. Wählt jetzt in Kleingruppen aus den bisher gefundenen Regeln die vier wichtigsten aus, schreibt diese auf euer Arbeitsblatt und zusätzlich auf ein DIN A3-Blatt:

1. ______________________________

2. ______________________________

3. ______________________________

4. ______________________________

3. Die im Plenum ausgewählten „7 goldenen Regeln".

1. ______________________________

2. ______________________________

3. ______________________________

4. ______________________________

5. ______________________________

6. ______________________________

7. ______________________________

7. Optional – Vorlage 7.2

7.2 Einkaufen mit dem Sparschwein – Teil 1

1. Stellt euch vor, jeder Einzelne hätte monatlich 500,- € zur Verfügung.
2. Welche für euch persönlich wichtigen Dinge könntet ihr davon kaufen?
3. Überprüft eure Auflistung im Kaufhaus, im Supermarkt, durch eine Internetrecherche oder durch Nachfrage bei Eltern etc. und notiert alle realen Preise.
4. Vergleicht eure eigenen „Preislisten" mit den Preislisten der anderen Kleingruppen.
5. Welche Gruppe hat für dasselbe Produkt den billigsten bzw. teuersten Preis gefunden?
6. Erstellt eine klasseninterne Preisliste mit den jeweils billigsten und teuersten Preisen für dasselbe Produkt.

7. Optional – Vorlage 7.2

7.2 Einkaufen mit dem Sparschwein – Teil 2

	Wie viel € gebe ich aus?		
	täglich	**wöchentlich**	**im Monat**
Kosten pro Produkt			
Gesamtbetrag			

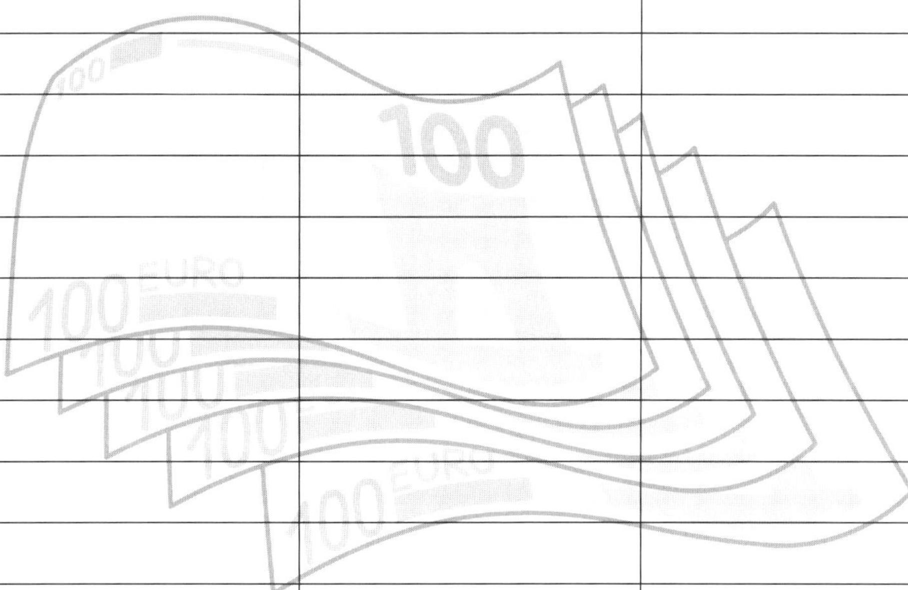

7. Optional – Vorlage 7.3

7.3 Kartenspiel

Was würdest du einem Freund raten, wie er sich auf ein Vorstellungsgespräch vorbereiten muss?	Wie würdest du einen Freund beraten, wie er sich am besten über einen Beruf informieren könnte?	Auf welche Kriterien kommt es bei einer guten Präsentation an?
	Was würde dein Lehrer sagen, welche Kompetenzen du noch erwerben musst, um eine „Eintrittskarte" für deinen Traumberuf zu bekommen?	Was schätzt du im Schulalltag am meisten? (nach dem Berufs-praktikum: Was schätzt du am Berufsalltag sehr?)
Was rätst du einem Freund, wenn er eine Absage nach einer Bewerbung bekommt? Was könnte er tun? Wie würdest du ihn unterstützen?	In welchen Berufen kann man im Freien arbeiten? Was? Wo? Womit?	In welchen Berufen kann man mit Menschen zu tun haben? Was? Wo? Womit?
In welchen Berufen kann man mit Metall arbeiten? Was? Wo? Womit?	In welchen Berufen kann man malen und gestalten? Was? Wo? Womit?	Was musst du über deinen zukünftigen Arbeitsplatz wissen?
Welche Berufe zeigen die Gegebenheiten: Körperliche Arbeit/ mit Computern arbeiten/ Kontakt zu vielen Menschen/ draußen/ Nachtschicht		Was möchtest du in deinem späteren Beruf auf keinen Fall? – im Freien arbeiten – lange sitzen – schmutzig werden – immer freundlich sein

III. Trainingsstufe

8. Selbsttraining der Jugendlichen

Mit dieser Stufe ist nun die dritte Staffel des Trainingsprogramms erreicht. In diesem letzten Abschnitt müssen die Trainer ihre „Trainerrolle“ an die Jugendlichen weitergeben und übernehmen nun weitgehend die Beobachterfunktion. Sie intervenieren nur dann, wenn es erforderlich ist. Dies ist eine besondere aber durchaus positive Herausforderung sowohl für die Jugendlichen als auch für den Trainer. Die Bearbeitung der folgenden Übungen ist nicht nur für den Trainingserfolg, sondern auch für spätere reguläre Unterrichtsstunden von großem Nutzen. Um Jugendliche genau mit dieser Herausforderung konfrontieren zu können, gibt der Trainer seine bisherige Leitungs- und Kontrollfunktion ab. Er koordiniert lediglich die Zuteilung der Aufgaben und unterstützt die Übungsabläufe nur, wenn es unbedingt erforderlich ist. Dabei sind zwei grundlegende Regeln zu beachten:

1. Die Selbstständigkeit der Jugendlichen hat Priorität.
2. Die Jugendlichen erarbeiten die zu vermittelnden Themen selbstständig entsprechend ihren eigenen Vorstellungen und Kompetenzen.

Während der folgenden Übungen müssen die Jugendlichen zu vorgegebenen Themen die Trainingsinhalte selbst in Kleingruppen erarbeiten und den anderen Jugendlichen vermitteln. Dabei müssen sie sich zunächst mit der vorgegebenen Thematik intensiv auseinandersetzen und anschließend für ihren jeweiligen Trainingsteil adäquates „Lehr- und Anschauungsmaterial“ entwickeln. Damit diese Trainingsstufe effektiv und für die Jugendlichen gewinnbringend durchgeführt werden kann, muss ein reibungsloser Ablauf gewährleistet sein. In der konkreten Trainingsphase, also während sich die Jugendlichen gegenseitig selbst trainieren, werden sie neben der Vermittlung ihrer Themen Verantwortung für die Ordnung im Trainingsraum übernehmen. Zudem sollen sie darauf achten, ob die anderen Jugendlichen ihrer gedanklichen Planung und ihren Intentionen folgen können sowie den zeitlichen Rahmen im Auge behalten.

8.1 Vorbereitung des Selbsttrainings „Jugendliche trainieren Jugendliche“

Überblick:
Diese Stufe besteht aus vier Themen, die von vier Gruppen vorbereitet und durchgeführt werden. Dabei ist jede Gruppe jeweils für eine Aufgabe verantwortlich und führt diese in ihrer „Trainerfunktion“ mit den anderen Jugendlichen durch. Dazu soll der Trainer die Klasse nach dem Zufallsprinzip (z. B. mit den Symbolkarten) in vier Kleingruppen aufteilen und die Aufgaben auslosen. Bei dieser Trainingsstufe hat die Autonomie der Jugendlichen Priorität. Darum werden nur die Ziele und die Rahmenbedingungen für die Übungen vorgegeben. Die inhaltliche Aufbereitung und die Wahl der Methode sind Aufgabe der jeweiligen Arbeitsgruppe. Der Trainer fungiert als Berater und Lernbegleiter.

⌛ ca. 10 Minuten Vorbereitung

M Für jede jugendliche Trainergruppe soll das gleiche Arbeitsmaterial (je nach Möglichkeit und Vorrat) zur Verfügung gestellt werden, aber die Gruppe entscheidet jeweils selbst, was sie davon verwendet:
Je Gruppe: 1 DIN A1-Karton, 2 Folien und Folienstifte, bunte Moderationspapiere, Klebstoff, Tafelkreide.

Die dritte Trainingsstation wird eingeführt. Zur Vorbereitung der Übungen wird den Gruppen 60 Minuten eingeräumt. Anschließend stehen jeder Gruppe 45 Minuten Zeit zur Verfügung, um ihre Übung mit den anderen Jugendlichen durchzuführen. Insgesamt werden für die Station 8 ca. 5 bis 6 Schulstunden benötigt.

Einführung für alle Gruppen

🚹 ⇔ 🚹 🚹 🚹 Klassengespräch

Jede Gruppe bekommt die Aufgabe, zu einem bestimmten Thema eine Übung (für max. 45 Minuten) vorzubereiten und diese anschließend mit den anderen Jugendlichen durchzuführen. Die Ziele der Übungen werden euch vorgegeben und die Arbeitsblätter teilweise bereitgestellt. Wie ihr die Aufgabe umsetzt (z. B. mit einem Vortrag, Rollenspiel oder Quiz) ist euch selbst überlassen. Dazu bekommen alle Gruppen das gleiche Arbeitsmaterial. Ihr entscheidet selbst, was ihr davon verwendet. Für die Übungsvorbereitung habt ihr ca. 60 Minuten.

8.2 Die vier Aufgaben für die Trainergruppen

Aufgabe 1: Alles hat sein Für und Wider

Überblick:
Aufgrund einer Auseinandersetzung mit dem Sprichwort „Alles hat sein Für und Wider“ sowie anhand ähnlicher Erfahrungen der Jugendlichen sollen diese für die langfristigen Vor- und Nachteile ihres Handelns sensibilisiert werden: kurzfristige Vorteile können langfristig mit Nachteilen verbunden sein, langfristige Vorteile gehen manchmal mit kurzfristigen Nachteilen einher. Die Jugendlichen sollen Möglichkeiten finden, wie sie sich gegenüber kurzfristigen Verlockungen wehren können, wenn diese die langfristigen Vorteile ihres Handelns gefährden würden.

⌛ 60 Minuten Vorbereitung

M Arbeitsblatt 8.1 für jeden Gruppenteilnehmer, Arbeitsmaterial

Einführung der Aufgabe mit dem Sprichwort „Alles hat sein Für und Wider“ und Austeilen der Arbeitsblätter (vgl. S. 159 und CD-ROM an die Trainergruppe.

Eure Aufgabe ist es, eine Übung für die anderen drei Gruppen vorzubereiten, die aus folgenden drei Teilen besteht:

1. Erklärt anhand des Sprichworts „Alles hat sein Für und Wider“ die Regel, dass alles Vor- und Nachteile hat, die kurz- und langfristig unterschiedlich sein können. Zum Beispiel können kurzfristige Vorteile langfristig mit Nachteilen verbunden sein. Oder langfristige Vorteile kurzfristig mit Nachteilen einhergehen. Nennt dazu Beispiele.
2. Erläutert die Vor- und Nachteile der Berufstätigkeit und der Arbeitslosigkeit. Ihr könnt dazu die 4-Felder-Tafel, die auf dem Arbeitsblatt zu sehen ist, benutzen. Überlegt euch auch andere Beispiele!

3. Diskutiert, welche Erkenntnisse des Trainings ihr anwenden könntet, falls ihr nicht sofort einen Job findet.

Entscheidet nun, welche Arbeitsmaterialien die anderen Jugendlichen erhalten sollen. Sollen die drei anderen Gruppen das Arbeitsblatt erhalten und fortlaufend bearbeiten oder wollt ihr vielleicht, dass es nach der Übung ausgefüllt wird? Dies dürft ihr entscheiden und planen!
Für die Bearbeitung des Themas und die Vorbereitung der Übung habt ihr 60 Minuten Zeit.

♫ Musik zum Ende der Arbeitsphase

Je nach Bedarf und Planung der Jugendlichen werden die Arbeitsblätter ausgeteilt. Der Trainer unterstützt die Trainergruppe bei Bedarf, *wobei das eigenständige Arbeiten der Jugendlichen Priorität hat.*

Mögliche Lösungen

Weitere Beispiele für unterschiedliche kurz- und langfristige Folgen:
- Verschiedene Berufe
- Zu viel konsumieren, z.B. Süßigkeiten, Alkohol, Zigaretten, Vitamine
- Viel Geld ausgeben
- Zu wenig, oder auch zu viel Bewegung
- Nicht lernen u.a.

Tabelle 4 liefert eine Musterlösung für die Trainergruppe zum Thema Berufstätigkeit und Arbeitslosigkeit.

Folgende Erkenntnisse aus dem Training können beispielsweise dazu beitragen mit Arbeitslosigkeit effektiv umzugehen:
- Ziele und Zwischenziele formulieren (realistisch).
- Strategien überlegen.
- Auf Stärken konzentrieren und sich motivieren.
- Überlegen, ob die Berufslaufbahn evt. korrigiert werden kann, evt. Alternativen überlegen (s. Nicos Weg).
- Stellenangebote recherchieren und Stellengesuche formulieren, Hilfe suchen.
- Firmen aufsuchen und dabei auf die Selbstdarstellung achten.

Aufgabe 2: So sind wir!

Überblick:

„So sind wir" dient als Wiederholung und Zusammenfassung dessen, was die Jugendlichen während des Trainings über sich erfahren haben. Die bislang unausgesprochenen Hintergrundtheorien und „Begriffe" werden nun anhand praktischer Beispiele zugänglich gemacht.

⌛ 60 Minuten Vorbereitung

M Arbeitsblatt 8.2 für jeden Gruppenteilnehmer, Arbeitsmaterial (s. S. 160)

Einführung der Aufgabe und Austeilen der Arbeitsblätter (vgl. S. 160 und CD-ROM).

Tabelle 4: Musterlösung – Berufstätigkeit und Arbeitslosigkeit

		Vorteil	Nachteil
Kurzfristig	Berufstätigkeit	Mehr Geld, Ansehen, Soziale Kontakte, Selbstwertgefühl steigt	Weniger Freizeit
	Arbeitslosigkeit	Mehr Freizeit	Keine Anerkennung, Kein Erfolg, Selbstwert sinkt Unsicherheit
Langfristig	Berufstätigkeit	Zukunftsplanung, Existenzgründung, Sicherheit	Stress
	Arbeitslosigkeit	Keine Verantwortung, Keine Verpflichtung	Armut, familiäre und finanzielle Probleme. Gefühl unnütz zu sein. Verschuldung

Die Aufgabe eurer Gruppe zum Thema „So sind wir“ besteht aus 4 Teilen:
1. Baut bei der Konstruktion der Übung, Informationen ein, die Auskunft darüber geben, was man über einen Menschen wissen sollte, um diesen als Individuum genau beschreiben zu können.
2. Denkt dabei bitte noch einmal über die Aufgaben und Erkenntnisse des Trainings nach, wie z. B. die Selbstbegegnung und das Double-Gesuch.
3. Überlegt euch anschließend, wie ihr diese Ergebnisse den anderen Schülern anschaulich vermitteln könnt.
4. Diskutiert, warum ein Mensch sich selbst kennen soll und warum diese Kenntnis für seinen beruflichen Werdegang wichtig ist, bzw. wie er an sich arbeiten kann. Als Hilfe könnt ihr nochmals die SMS-Mappe durchblättern.

Entscheidet nun, welche Arbeitsmaterialien die anderen Jugendlichen erhalten sollen. Sollen die drei anderen Gruppen das Arbeitsblatt erhalten und fortlaufend bearbeiten oder wollt ihr vielleicht, dass es nach der Übung ausgefüllt wird? Dies dürft ihr entscheiden und planen! Für die Übungsvorbereitung habt ihr 60 Minuten Zeit.

♫ Musik zum Ende der Arbeitsphase

Falls es notwendig ist, unterstützt der Trainer die Trainergruppe, wobei *eine weitgehende Selbstständigkeit der Jugendlichen Priorität hat.*

Mögliche Lösungen

Methode: Mithilfe eines Strichmännchens werden die inneren Aspekte eines Menschen veranschaulicht oder auf einem Plakat zusammengefasst.

Begriffe:
- Selbst- und Fremdwahrnehmung sowie deren Unterschiede
- Über sich und über Situationen nachdenken (Selbstreflexion)
- Stärken und Schwächen erkennen
- Vorlieben und Wünsche sowie Pläne und Strategien
- Sich selbst akzeptieren und als wertvoll ansehen. Das heißt, kein Mensch ist wertvoller oder wertloser als ein anderer (Selbstwertgefühl, Selbstakzeptanz, Identitätsentwicklung)
- Selbstvertrauen – jeder kann seine Rolle und seinen Weg finden (ähnlich der Unternehmensgründung)

Die ausgefüllten Arbeitsblätter werden evtl. vorgestellt und in der SMS-Mappe abgeheftet.

Aufgabe 3: Zum Nachdenken...

Überblick:
Grundlage dieser Übung ist die Auseinandersetzung mit einer „Lebensweisheit“. Mithilfe einer Lehrgeschichte soll erkannt werden, weshalb es bedeutsam ist, dass man sich über das Ziel und den Sinn seiner Arbeit bewusst wird. Weiterhin ist zu erwarten, dass diese Aufgabe und die Aufgabe „Alles hat sein Für und Wider“ (obwohl sie sehr ähnlich sind), unterschiedlich und sehr anschaulich durchgeführt werden können. Die Übung bietet ein strategisches Beispiel für die Auseinandersetzung mit abstrakten Aussagen.

⌛ 60 Minuten Vorbereitung

M Arbeitsblatt 8.3 für jeden Gruppenteilnehmer, Arbeitsmaterial (s. S. 161)

Einführung der Aufgabe und Ausgabe der Arbeitsblätter.

Eure Aufgabe besteht aus drei Teilen.
1. Überlegt euch zuerst, welche Aussage die Lehrgeschichte auf dem Arbeitsblatt hat. Dazu bereitet ihr eine Übung vor, bei der ihr die Geschichte, insbesondere deren Kernaussage, den anderen Trainingsteilnehmern vermitteln könnt.
2. Erarbeitet mit den anderen Gruppen, in welchen Lebenssituationen die Erkenntnisse der Geschichte angewendet werden können.
3. Und als letztes sucht ihr mit den anderen Gruppen ähnliche „Lehrgeschichten“, die für eure berufliche Zukunft wichtig sein könnten. Habt ihr beispielsweise schon etwas erlebt, was sehr lehrreich war; vielleicht habt ihr schon ähnliches in einem Film gesehen oder irgendwo gelesen usw.

Entscheidet nun, welche Arbeitsmaterialien die anderen Jugendlichen erhalten sollen. Sollen die drei anderen Gruppen das Arbeitsblatt erhalten und fortlaufend bearbeiten oder wollt ihr vielleicht, dass es nach der Übung ausgefüllt wird? Dies dürft ihr entscheiden und planen!

Die anderen drei Kleingruppen sollen in der Lage sein, mit eurer Hilfe die Aufgabe selbst zu bearbeiten. Für die Übungsvorbereitung habt ihr 60 Minuten Zeit.

♫ Musik zum Ende der Arbeitsphase

Falls es notwendig ist, unterstützt der erwachsene Trainer die Trainergruppe, *wobei eine weitgehende Selbstständigkeit der Jugendlichen Priorität hat.*

Mögliche Lösungen

Kernaussagen der Lehrgeschichte (Musterlösung):

- Wenn jemand das Ziel und den Sinn seiner Arbeit sieht, wirkt es oft motivierend.
- Tätigkeiten – insbesondere, wenn sie viel Spaß machen und wenn man damit positive Ziele verbinden kann – können mehr Erfolgsgefühle auslösen.
- Tätigkeiten, bei denen man das Gefühl hat, selbst etwas zu bewirken und zu gestalten, fördern das Autonomiegefühl (wirken motivierend).

Situationen oder Lebensbereiche, in welchen Jugendliche diese Aussagen für sich nutzen können:

Methoden zur Erarbeitung der Antworten: Satzergänzung, Pantomime, Tests, Interviews usw.

Mögliche Antworten:

- Für die Zielfindung bzw. -formulierung beim Lernen
- Für ihre Freizeitgestaltung
- Um sich bei unliebsamen Arbeiten (Schule, Praktikum oder Putzen) zu motivieren
- Um Freude und Erfolgserlebnisse bei Tätigkeiten erleben zu können
- Um „negative Folgen" bestimmter Handlungen zu erkennen, und um diese nicht auszublenden (z. B. Rauchen, aggressives Verhalten usw.)

Aufgabe 4: Kannst du dich selbst darstellen?

Überblick:

Jugendliche sollen erkennen, dass eine günstige Selbstdarstellung in verschiedensten Lebensbereichen nützlich sein, und zu Erfolgserlebnissen verhelfen kann. Die wichtigsten Selbstdarstellungsstrategien werden thematisiert und geübt.

⌛ 60 Minuten Vorbereitung.

M Arbeitsblatt 8.4 für jeden Gruppenteilnehmer, Arbeitsmaterial

Einführung der Aufgabe und Austeilen der Arbeitsblätter (vgl. S. 162 und CD-ROM).

Die Aufgabe eurer Gruppe ist es eine Übung zur Selbstdarstellung zu konstruieren. Ziele der Übung sollen sein:

1. Humorvoll zu erklären, was Selbstdarstellung bedeutet und welche Bedeutung sie hat. Denkt dabei bitte noch einmal über die Aufgaben und Erkenntnisse des Trainings nach.
2. Die fünf Selbstdarstellungsstrategien, die ihr auf dem Arbeitsblatt 5.6 „Machen nur Kleider Leute" kennengelernt habt und auf diesem Arbeitsblatt 8.4 beschrieben sind, sollen für die anderen drei Kleingruppen veranschaulicht werden.
3. Diskutiert mit den anderen Gruppen über außerberufliche Situationen, insbesondere wann und welche Strategie oder mehrere Strategien besonders wichtig sind.

Entscheidet nun welche Arbeitsmaterialien die anderen Jugendlichen erhalten sollen. Sollen die drei anderen Gruppen das Arbeitsblatt vor oder nach der Übung erhalten? Dies dürft ihr entscheiden und planen! Für die Übungsvorbereitung habt ihr 60 Minuten Zeit.

♫ Musik zum Ende der Arbeitsphase

Falls es notwendig ist, unterstützt der Lehrer die Trainergruppe, wobei *eine weitgehende Selbstständigkeit der Jugendlichen Priorität hat.*

Mögliche Lösungen

Präsentation gelungener und nicht gelungener Selbstdarstellungsstrategien in Form von

- Rollenspielen
- Collagen
- Pantomime
- Powerpoint Präsentation mit Geschichte
- Ratespiel

8.3 Jugendliche trainieren Jugendliche – die Durchführung

Überblick:

Für die Jugendlichen soll weitgehende Autonomie gewährleistet sein. Die Übungen sollen möglichst an einem Tag und entsprechend ihrer Reihenfolge mit kurzen Pausen durchgeführt werden. Der Trainer fungiert als Lernbegleiter und koordiniert die Übungsabfolgen.

⌛ Je Gruppe 45 Minuten und dazwischen jeweils 10 Minuten Pause

M Uhr

Nachdem ihr eure Übungen vorbereitet habt, sollt ihr diese mit den anderen drei Kleingruppen durchführen. Die Reihenfolge entspricht den Aufgabennummern: 1, 2, 3 und 4. Achtet auf die Zeit und darauf, dass die Aufgabenblätter so bearbeitet werden, wie ihr es in eurer Planung vorgesehen habt. Jetzt beginnt die Gruppe 1.

Nach jeder Übung ist eine Pause von ca. 10 Minuten vorgesehen. In dieser Zeit bereitet sich die nächste Gruppe auf ihre Durchführungsphase vor.

ϟ Blitzlicht

8. Selbsttraining – Vorlage 8.1

8.1 Alles hat sein Für und Wider

1. Das Sprichwort „Alles hat sein Für und Wider" gibt die Erkenntnis wieder, dass viele Dinge Vor- und Nachteile haben. Diese können kurz- und langfristig unterschiedlich sein. Beispielsweise können kurzfristige Vorteile langfristig mit Nachteilen verbunden sein oder langfristige Vorteile können mit kurzfristigen Nachteilen einhergehen.

Weitere Beispiele für Dinge, die Vor- und Nachteile haben:

____

____

____

2. Vor- und Nachteile der Arbeitslosigkeit, benutze dazu die 4-Felder-Tafel.

		Vorteil	**Nachteil**
Kurzfristig	Arbeitslosigkeit		
	Arbeit		
Langfristig	Arbeitslosigkeit		
	Arbeit		

3. Diese Erkenntnisse sollen bei Planungen und Entscheidungen berücksichtigt werden, weil…

____

____

____

Selbsttraining – Vorlage 8.2

8.2 So sind wir!

8. Selbsttraining – Vorlage 8.3

8.3 Zum Nachdenken ...

Drei Maurer arbeiten an einer Kathedrale. Ein Vorübergehender fragt den ersten, was er da tue. Die mürrische Antwort: „Na, sehen Sie doch. Ich maure."
Ein paar Schritte weiter arbeitet der zweite Maurer. Auch er wird gefragt und antwortet: „Ich ziehe eine Mauer hoch."
Schließlich die gleiche Frage an den dritten Maurer. Der sagt voller Stolz: „Ich helfe eine Kathedrale bauen." *(nach Connie Zweig und Jeremiah Abrams zit. nach Keller, 2003, S. 124)*

1. Aussage der Lehrgeschichte:

____

____

____

2. Wofür kann ich diese Aussage selbst anwenden?

____

____

____

8. Selbsttraining – Vorlage 8.4

8.4 Kannst du dich selbst darstellen?

Es ist von der Situation abhängig, welche dieser Selbstdarstellungsstrategien eingesetzt werden sollen.

1. Kompetenz und Expertentum signalisieren

- Die eigenen vorhandenen Fähigkeiten und Kenntnisse zeigen.
- Durch Kleidung, Benehmen, Fachbegriffe, Zeugnisse, Erfahrungsberichte
- *Wichtig:* Nur am Anfang diese Kompetenzen betonen (ohne Vortäuschung), sobald die Gesprächspartner diese akzeptiert haben, gilt es wieder bescheiden zu sein.

▶ *Bei Bewerbungen, in Prüfungen, am Ausbildungsplatz ...*

2. Attraktivität herausstellen

- Eine positive sozial-emotionale Wirkung erzielen, sympathisch wirken
- Durch Kleidung, Benehmen, Kommunikation, Mimik und Zuhören
- Sympathische Menschen haben größeren Einfluss auf die Geschehnisse
- Kompetenz und Attraktivität können sich zu einem gewissen Grad verstärken, was in einigen Situationen, wie auch bei Bewerbungen sehr wichtig ist.
- *Wichtig:* Die Übertreibung der einen Strategie kann sich negativ auf die andere auswirken (z.B.: Supergenies sind selten attraktiv)

▶ *Im Freundeskreis, bei Bewerbungen ...*

3. Status und Prestige betonen

- Vor allem durch Statussymbole, die nach außen erkennbar sind: Markenkleidung, Schmuck, Auto,...
- Nicht sofort erkennbar sind: Titel, Position, Reichtum, Einfluss
- *Wichtig:* In vielen Situationen kann es auch negativ wirken

▶ *Als Gruppenleiter in einem Betrieb, als Klassensprecher ...*

4. Glaubwürdigkeit und Vertrauenswürdigkeit betonen

- Durch Kleidung, Kommunikation und Verhalten den Wahrheitsgehalt einer Äußerung betonen.
- Sehr wichtig, denn beide sind universell und unspezifisch einsetzbare soziale Ressourcen.
- *Wichtig:* Nicht unecht wirken!

▶ *Bei Bewerbungen, für Beziehungen, am Arbeitsplatz, bei der Bank ...*

5. Offenheit hervorkehren

- Einblick in die eigene Person gewähren
- Vorteile: Eine offene Person ist beliebter, sympathischer und vertrauenswürdiger
- *Wichtig:* Sowohl zu viel als auch zu wenig Öffnung können sich negativ auswirken

▶ *Im Freundeskreis, in der Familie, am Arbeitsplatz, in Vereinen ...*

9. Station: Abschluss

Abschluss-Feedback

Überblick:

Um die Nachhaltigkeit des Trainings zu gewährleisten, üben sich die Jugendliche erneut in der Selbstreflexion sowie dem Äußern und Annehmen von Rückmeldungen. Dabei wird nochmals auf die Gesprächs- und Feedbackregeln verwiesen. Auch gibt es Raum, um weitere persönliche Ziele zu reflektieren.

⌛ ca. 30 bis 45 Minuten

M Bunte DIN A4-Blätter

Nun, diese ist unsere letzte Trainingsstunde. Jeder von euch schildert nun bitte seine Eindrücke. Um den Gesprächsfluss in Gang zu bringen, setzen wir den Softball ein, den ihr weiterreichen dürft, wenn ihr mit eurem Statement fertig seid.

Mögliche Trainerimpulse:

- Welche Station war für dich persönlich gewinnbringend? Begründe weshalb.
- Was hast du im Hinblick auf dein Handeln in einem Team dazugelernt?
- Worin besteht für dich noch Lernbedarf?
- An welchen Aspekten deiner Persönlichkeit möchtest du noch weiter arbeiten?
- Wie möchtest du an deiner Weiterentwicklung arbeiten?

Weitere Impulse können sich durch Beiträge aus der Mitteilungsbox ergeben.

Mitteilungen, die im Plenum nicht angesprochen werden, können bei Bedarf vom Trainer als Plakat für das Klassenzimmer zusammengestellt werden, so dass die Anonymität gewährleistet bleibt:

Als Abschluss erhalten die Jugendliche individuelle Feedbacks nach folgender Vorgehensweise.

Jugendliche, die während des Trainings öfter miteinander gearbeitet haben (falls das Training nicht nur mit Klassen durchgeführt wird), werden in 4 bis 5 Gruppen eingeteilt. Jeder Jugendliche erhält ein buntes Blatt Papier und schreibt seinen Name im unteren Bereich darauf. Dann wird das Blatt in der Gruppenrunde einmal weitergereicht. Derjenige, der das Blatt als nächstes bekommt schreibt im oberen Bereich eine kurze positive Rückmeldung für den Blatteigentümer darauf z. B. nach dem Motto „Was du besonders gut kannst“ oder „Was an deinem Verhalten sehr positiv ist“. Anschließend wird das Blatt so gefaltet, dass diese Rückmeldung verdeckt bleibt und nur der Name zu lesen ist. Dann wird wieder einmal weitergereicht. Jetzt schreibt der Nächste ein positives Feedback für denjenigen dessen Name auf dem Blatt steht. Wenn er fertig ist, faltet er ebenfalls das Papier einmal und gibt es weiter. Dies wird so lange durchgeführt, bis jeder in der Gruppe an alle anderen eine Rückmeldung gegeben hat. Am Schluss bekommt jeder „Eigentümer“ sein Blatt zurück, welches dann aufgefaltet 3 bis 4 persönliche Rückmeldungen beinhaltet.

Literatur

Ahrens-Eipper, S., Aßhauer, M., Burow, F. & Weigelhofer, H. (2002). *Fit und stark fürs Leben. 5. und 6. Schuljahr. Persönlichkeitsförderung zur Prävention von Aggression, Rauchen und Sucht*. Leipzig: Ernst Klett Grundschulbuchverlag.

Amerein, B. (2005). *Entwicklung und Evaluation eines Selbstreflexions- und Selbstdarstellungstrainings für Jugendliche*. Unveröffentlichte Diplomarbeit, Pädagogische Hochschule Schwäbisch Gmünd.

Aronson, E., Wilson, T. D. & Akert, R. M. (2004). *Sozialpsychologie*. München: Pearson Studium.

Aßhauer, M., Burow, F. & Hanewinkel (1999). *Fit und stark fürs Leben. 3. und 4. Schuljahr. Persönlichkeitsförderung zur Prävention von Aggression, Rauchen und Sucht*. Leipzig: Ernst Klett Grundschulbuchverlag.

Baier, T. (2003). *Bewerben. Unterrichtsmaterial rund ums Thema Bewerbung* (4. überarb. Aufl.). Neuried: Care-Line Verlag.

Bandura, A. (1977). *Social Learning Theory*. New York: General Learning Press.

Bandura, A. (1979). *Sozial-kognitive Lerntheorie*. Stuttgart: Klett Cotta.

Bandura, A. (1997). *Self-efficacy: The exercises of control*. New York: Freeman.

Bastian, J., Combe, A. & Langer, R. (2005). *Feedback-Methoden: Erprobte Konzepte, evaluierte Erfahrungen*. Weinheim: Beltz.

Baumeister, R., Cooper, J. & Skib, B. (1979). Inferior performance as a selective response to expectancy: Taking a dive to make a point. *Journal of Personality and Social Psychology, 37 (3)*, 424–432.

Berk, L. E. (2005). *Entwicklungspsychologie* (3., aktual. Aufl.). München: Pearson Studium.

Biebrich, R. & Kuhl, J. (2004). Handlungsfähigkeit und das Selbst. Persönlichkeitsbedingte Unterschiede in der Bewältigung innerer Kapitulation. *Zeitschrift für Differentielle und Diagnostische Psychologie, 25 (2)*, 57–77.

Bieg, S. & Behr, M. (2005). *Mich und Dich verstehen. Ein Trainingsprogramm zur emotionalen Sensitivität bei Schulklassen und Kindergruppen im Grundschul- und Orientierungsstufenalter*. Göttingen: Hogrefe.

Bleicher, M. (2003). *Psychologische und emotionale Selbstregulation. Entwicklung und Evaluation eines Interventionsprogramms für Jugendliche*. Münster: Waxmann.

Brenner, D. & Brenner, F. (1999). *Ziel: Ausbildungsplatz. Bewerbungstraining für die Klassen 11 bis 13 – Arbeitsheft*. Berlin: Cornelsen Scriptor.

Britton, B. K. & Tesser, A. (1991). Effects of time management practices on college grades. *Journal of Educational Psychologie, 83 (3)*, 405–410.

Bundesagentur für Arbeit, Nürnberg, BA-Service-Haus, Berufskundliche Medien (Hrsg). *Beruf aktuell*. Bielefeld: Bertelsmann.

Burow, F., Aßhauer, M. & Hanewinkel, R. (1998). *Fit und stark fürs Leben. 1. und 2. Schuljahr. Persönlichkeitsförderung zur Prävention von Aggression, Rauchen und Sucht. Leipzig*: Ernst Klett Grundschulbuchverlag.

Carkhuff, R.R. (1969). *Helping and human relations* (Vol 1+2). New York: Holt, Rinehart & Winston.

Cierpka, M. (2001). *FAUSTLOS – Ein Curriculum zur Prävention von aggressivem und gewaltbereitem Verhalten bei Kindern der Klassen 1 bis 3*. Göttingen: Hogrefe.

Committee for Children (1992). *Second Step: A violence prevention curriculum (Preschool-kindergarten teacher's guide)*. Seattle: Author.

DeCharms, R. (1979). *Motivation in der Klasse. Lehrertraining und Unterrichtspraxis Band 4*. München: Moderne Verlags GmbH.

De Shazer, St., Kim Berg, S., Lipchik, E., Munally, E., Molnar, A. Gingerich, W. et al. (1986). Kurztherapie – zielgerichtete Entwicklung von Lösungen. *Familiendynamik 11 (3)*, 192–205.

Dörner, D. (1989). *Die Logik des Misslingens. Strategisches Denken in komplexen Situationen*. Hamburg: Rowohlt.

Fend, H. (1980). *Theorie der Schule*. München: Urban & Schwarzenberg.

Fend, H. (1994). *Die Entwicklung des Selbst und die Verarbeitung der Pubertät*. Bern: Huber.

Fuhrer, U., Marx, A., Holländer, A. & Möbes, J. (2000). Selbstentwicklung in Kindheit und Jugend. In W. Greve (Hrsg.), *Psychologie des Selbst* (S. 39–57). Weinheim: Beltz-PVU.

Fries, S. (2002). *Wollen und Können: ein Training zur gleichzeitigen Förderung des Leistungsmotivs und des induktiven Denkens*. Münster: Waxmann.

Gendlin, E.T. (1978). *Focusing*. New York: Everest House.

Godel-Gaßner, R. (2002). Die Realschule und ihre aktuellen Innovationsfelder – ein Thema für die Lehrerbildung. In Kuntze, W.-M. (Hrsg.). *Schulentwicklung Real. Neue Herausforderungen für die Lehrerbildung* (S. 9–26). Donauwörth: Auerverlag

Graef, R. & Preller, R.-D. (Hrsg.). (1994). *Lernen durch Lehren*. Rimbach: Verlag im Wald.

Greve, W. (Hrsg.). (2000). *Psychologie des Selbst*. Weinheim: Beltz.

Gürtler, T. (2003). *Trainingsprogramm zur Förderung selbstregulativer Kompetenz in Kombination mit Problemlösestrategien PROSECCO. Entwicklung, Durchführung und längsschnittliche sowie prozessuale Evaluation*. Frankfurt a.M.: Peter Lang.

Hattie, J., Biggs, J. & Purdie, N. (1996). Effects of learning skills interventions on student learning: A meta-analysis. *Review of Educational Research, 66 (2)*, 99–136.

Heckhausen, H. (2003). *Motivation und Handeln* (2., überarb. Aufl.). Berlin: Springer.

Horstkemper, M. (2003). Schule, Geschlecht und Selbstvertrauen. Eine Längsschnittstudie über Mädchensozialisation in der Schule. In A. Schütz (Hrsg.), *Psychologie des Selbstwertgefühls*. Stuttgart: Kohlhammer.

Hovland, C. I., Janis, I. L. & Kelley, H. H. (1953) *Communications and persuasion: Psychological studies in opinion change*, New Haven, CT: Yale University Press

Jerusalem, M. & Klein-Heßling, J. (2002). Soziale Kompetenz – Entwicklungstrends und Förderung in der Schule. *Zeitschrift für Psychologie, 210 (4)*, 164–174.

Keller, G. (2003). *Ich will nicht lernen! Motivationsförderung in Elternhaus und Schule* (2. Aufl.). Bern: Hans Huber

Kiefer, C. (2005). *Selbstreflexion und Selbstdarstellung – Evaluation einer Intervention an Hauptschulen 8. Klasse.* Unveröffentlichte Zulassungsarbeit, Pädagogische Hochschule Schwäbisch Gmünd.

Kirchner, C., Schiefer Ferrari, M. & Spinner, K.H. (Hrsg.). (2006). *Ästhetische Bildung und Identität.* München: Kopaed.

Kloff, J. & Partner. (1996). *Ziel-Orientierungsseminare zur Studien- und Berufswahl* (ZOS).

Kotschenreuther, J. (2005). *Selbstwirksamkeit – Entwicklung und Evaluation eines Kurztrainings für die 8. Klasse.* Unveröffentlichte Zulassungsarbeit, Pädagogische Hochschule Schwäbisch Gmünd.

Kuhl, J. (2001). *Motivation und Persönlichkeit: Interaktionen psychischer Systeme.* Göttingen: Hogrefe.

Mayring, P. (2002). *Einführung in die qualitative Sozialforschung: eine Anleitung zu qualitativem Denken.* Weinheim: Beltz.

Martin, J.-P. (2002). Lernen durch Lehren (LdL). *Die Schulleitung – Zeitschrift für pädagogische Führung und Fortbildung in Bayern. 29 (4),* 3–9.

McClelland, D. C., Koestner, R. & Weinberger, J. (1989). How do self-attributet and implicit motives differ? *Psychological Review, 96 (4),* 690–702.

Meyer, H. (1994). *Unterrichtsmethoden II: Praxisband* (6. Aufl.). Frankfurt a.M.: Cornelsen.

Ministerium für Kultus, Jugend und Sport, Baden-Württemberg, Referat 34, Stuttgart (Hrsg.) (2006). *Realschule – Handreichung zur neuen Realabschlussprüfung.* Baden-Baden: Koeblin-Fortune-Druck.

Monigl, E., Amerein, B. & Behr, M. (2006). *Selbstreflexion, Motivation und Selbstdarstellung (SMS) – Training für Jugendliche der Haupt- und Realschule.* Vortrag auf der 68. Tagung der Arbeitsgruppe für Empirische Pädagogische Forschung (AEPF) in München.

Monigl, E. & Behr, M. (2007). *Selbstreflexion, Motivation und Selbstdarstellung (SMS) – Selbstkompetenz und Strategietraining für Jugendliche der Sekundarstufe.* Posterpräsentation auf der 11. Fachtagung Pädagogische Psychologie der DGPs (PAEPS) in Berlin.

Monigl, E., Amerein B. & Behr, M. (2009). Kompetenzförderung für jugendliche Haupt- und Realschüler – Selbstreflexion, Motivation und Selbstdarstellung als Erfolgsdeterminanten beruflicher Integration. In K. Schneider, M. Weingart & G. Schwab (Hrsg.), *Hauptschulforschung konkret* (S. 33–43). Baltmannsweiler: Schneider Verlag Hohengehren.

Mummendey, H. D. (1995). *Psychologie der Selbstdarstellung* (2. Aufl.). Göttingen: Hogrefe.

Oerter, R. & Montada, L. (2002). *Entwicklungspsychologie.* Weinheim: Beltz.

Petermann, F. & Petermann, U. (2003). *Training mit sozial unsicheren Kindern* (8. Aufl.). Weinheim: Beltz.

Pinquart, M. & Silbereisen, R. K. (2000). Das Selbst im Jugendalter. In W. Greve (Hrsg.), *Psychologie des Selbst* (S. 75–95). Weinheim: Beltz.

Püttjer, C. & Schnierda, U. (2001). *So schaffen Sie den Einstieg. Bewerbungstraining für Schulabgänger.* Frankfurt am a.M.: Campus.

Rasmussen, J. (1983): Skills, rules, and knowledge; signals, signs, and symbols, and other distinctions in human performance models. *IEEE Transactions on Systems, Man, and Cybernetics, 13(3),* 257–266.

Rheinberg, F. (2004). *Motivation.* Stuttgart: Kohlhammer.

Rheinberg, F. & Krug, S. (1999). *Motivationsförderung im Schulalltag. Psychologische Grundlagen und praktische Durchführung* (2. Aufl.). Göttingen: Hogrefe.

Rogers, C. R. (1959). A theory of therapy, personality and interpersonal relationships, as developed in the client-centered framework. In S. Koch (Ed.), *Psychology: The study of a science. Vol. 3: Formulations of the person and the social* context (pp. 184–256). New York: McGraw-Hill.

Rogers, C.R. (1957). The necessary and sufficient conditions of therapeutic personality change. *Journal of Consulting Psychology, 21,* 95–103.

Rogers, C. R. (1951). *Client-centered therapy: Its current practice, implications, and theory.* Boston, MA: Houghton Mifflin.

Rust, H. (2008). Zeichnen mit Jugendlichen und darüber reden. Selbstkonzept und Lebensplanung in personzentrierten Entwicklungsgesprächen mit lern- und geistigbehinderten jungen Menschen. In M. Behr, D. Höllendampf & D. Hüsson (Hrsg.), *Psychotherapie mit Kindern und Jugendlichen – Personzentrierte Methoden und interaktionelle Behandlungskonzepte* (S. 151–173). Göttingen: Hogrefe.

Satow, L. (2002). Unterrichtsklima und Selbstwirksamkeitsdynamik. *Zeitschrift für Pädagogik, 44,* Beiheft, 174–192.

Schelhaas, C. (2003). *Lernen durch Lehren für einen produktions- und handlungsorientierten Fremdsprachenunterricht.* Marburg: Tectum.

Schlenker, B.R. & Weigold, M.F. (1992). Interpersonal processes involving impression regulation and management. *Annual Review of Psychology, 43,* 133–168.

Schlippe, A. von & Schweitzer, J. (2003). *Lehrbuch der systemischen Therapie und Beratung.* Göttingen: Vandenhoeck & Ruprecht.

Schoppe, A. (2003). Zeichnerische Tätigkeit und kindliche Lebenswelt. In: *Kunst und Unterricht: Kinder – und Jugendzeichnung.* Velber: Friedrichverlag.

Schütz, A. (2003). *Psychologie des Selbstwertgefühls*: Stuttgart: Kohlhammer.

Schwarzer, R. & Jerusalem, M. (2002). Das Konzept der Selbstwirksamkeit. *Zeitschrift für Pädagogik, 44.* Beiheft, 28–53.

Siems, M. (1986). *Dein Körper weiß die Antwort.* Reinbek: Rowohlt Taschenbuch.

Tausch, R. (1996). *Hilfen bei Stress und Belastung.* Reinbek: Rowohlt.

Tedeschi, J.T. & Norman, N. (1985). Social power, self-presentation and the self. In B.R. Shlenker (Eds.), *The self and social life* (pp. 293–322). New York: McGraw-Hill.

Tisdale, T. (1998). *Selbstreflexion, Bewusstsein und Handlungsregulation.* Fortschritte der psychologischen Forschung 39. Weinheim: Beltz.

Weinberger, S. (2009). *Klientenzentrierte Gesprächsführung* (13. Aufl.). Weinheim: Beltz.

Weinstein, C.E. & Humme, L.M. (1998). *Study strategies for lifelong learning.* Washington, DC: American Psychological Association.

Weiser Cornell, A. (1997). *Focusing – Der Stimme des Körpers folgen.* Reinbeck: Rowohlt.

Wellenreuther, M. (2004). *Lehren und Lernen – aber wie? Empirisch-experimentelle Forschungen zum Lehren und Lernen im Unterricht.* Grundlagen der Schulpädagogik, Bd. 50. Baltmannsweiler: Schneider-Verlag Hohengehren.

Woolfolk, A. (2008). *Pädagogische Psychologie* (10. Aufl., bearb. u. übers. von Ute Schönpflug). München: Pearson.

Zimmermann, B. J. & Bandura, A. (1994). Impact of self-regulatory influences of writing course attainment. *American Educational Research Journal, 31 (4)*, 845–862.

Zimmermann, M. (2005). *Wirksamkeitsprüfung eines Programms zur Selbstreflexion und Selbstdarstellung an Hauptschulen 8. Klasse.* Unveröffentlichte Zulassungsarbeit, Pädagogische Hochschule Schwäbisch Gmünd.

Anhang

Bildungsplanbezug

Um das Trainingsprogramm auch im Regelunterricht durchführen zu können, wurde es bereits im Zuge der Entwicklung auf die Bildungsplaninhalte der Länder abgestimmt.

Exemplarisch sind hier Komponenten der Bildungspläne, welche auch Bestandteil des Trainings sind, aufgeführt. Die Ausführungen inkludieren Aspekte der Klassen 7 bis 10 von Haupt- und Realschulen.

Unterricht mit berufsthematischen, sozialen und gesellschaftlichen Inhalten

Die Schüler können

- in Gruppen eine Expertenbefragung vorbereiten, durchführen und auswerten.
- in Gruppen mit zuständigen Experten Kontakt aufnehmen und sich einen Überblick über wesentliche, auf der jeweiligen Schulform aufbauende weiterführende Schulen verschaffen sowie Zugangsvoraussetzungen exemplarisch aufzeigen und grundlegende Unterscheidungsmerkmale darstellen.
- anhand der selbst erstellten Beobachtungs- und Erkundungsaufgaben eigene Erfahrungen, Eindrücke und Beobachtungen wiedergeben.
- die Erfahrungen aus der Betriebs- und Arbeitsplatzerkundung dokumentieren und die Dokumentation entsprechend der Anforderungen an Vollständigkeit, Übersichtlichkeit und Sorgfalt erstellen.
- eine Kurzpräsentation über die Betriebs- und Arbeitsplatzerkundung abgeben, in Gesprächsrunden ihre Erfahrungen reflektieren sowie Kritik angemessen äußern und auch annehmen.
- für ein fiktives Vorstellungsgespräch Rollen vorbereiten, das Rollenspiel durchführen, darin gezeigtes Bewerberverhalten reflektieren und Anregungen aus der Gruppe annehmen.
- kritische Misserfolge analysieren, mögliche Ursachen erkennen und Handlungsalternativen entwickeln.
- verschiedene Berufe erkunden und verstehen, dass sich Berufsbilder im Wandel befinden.
- Erfahrungen aus Erkundungen und Praktika reflektieren und präsentieren.
- ihre Berufswünsche vor dem Hintergrund ihrer Fähigkeiten und Möglichkeiten einschätzen.
- Zusammenhänge zwischen Arbeitsbelastung und Gesundheit erkennen können und diese bei der eigenen Berufswahl berücksichtigen.
- geschlechtsspezifische Zuordnungen von Berufen kritisch reflektieren.
- Wechselwirkungen zwischen Berufswahl, Lebensplanung und Geschlechterrolle erkennen und diese in Bezug auf persönliche Lebensentwürfe reflektieren.
- Informations- und Beratungsstellen als Hilfe zur Berufswahl nutzen und Informationen auswerten.
- für berufliche Problemsituationen Bewältigungsstrategien und Handlungsmöglichkeiten entwickeln.
- sich selbst und andere einschätzen. Empathische Fähigkeiten im Umgang mit anderen, Teamfähigkeit und Verantwortungsbewusstsein für ihr Handeln erlangen.
- Gefühle, Körpersignale, Atmung und Stimme bewusst wahrnehmen und angemessen einsetzen.
- sich Leistungsanforderungen stellen, Grenzen erkennen und mit Konkurrenzsituationen umgehen.
- die Bedeutung des sich Kleidens, des Verkleidens, des Schminkens und der Körperpflege und deren Wirkung auf das Fremd- und Selbstbild anwenden.

Deutsch

Die Schüler können

- über einen längeren Zeitraum konzentriert und aktiv zuhören und Äußerungen verarbeiten.
- im Gespräch aufeinander eingehen und Diskussionen führen.
- auf andere eingehen und andere Perspektiven übernehmen.
- Gesprächsregeln einhalten sowie Verfahren der Gesprächsorganisation einhalten.
- sich sachlich und sprachlich angemessen mit Argumenten anderer auseinander setzen.
- Kritik sachlich vortragen / mit Kritik konstruktiv umgehen; Konfliktlösungen im Gespräch suchen.
- ihren eigenen Standpunkt sachlich darlegen und begründen.
- Konflikte sprachlich angemessen mithilfe unterschiedlicher Strategien lösen.
- höflich und respektvoll miteinander umgehen.

- sich adressaten- und situationsbezogen mitteilen.
- sich selbst vorstellen und darstellen.
- eigene Wünsche und Meinungen deutlich und verständlich artikulieren.
- Informationen zusammenfassen und an andere weitergeben.
- Sprache in ihren Funktionen differenziert gebrauchen (erzählen, berichten, beschreiben, argumentieren, appellieren).
- Kurzreferate bzw. Präsentationen frei vortragen.
- Texte ästhetisch gestaltend präsentieren; im Spiel Rollen übernehmen und gestalten.
- Körpersprache und rhetorische Mittel gezielt einsetzen.
- Informationen auswerten sowie sachlich und sprachlich korrekt zusammenfassen und wiedergeben.
- ziel-, adressaten- und situationsbezogen schreiben.
- Argumente aufbauen und sie sinnvoll verknüpfen.
- kreativ zu Bildern, Texten und Erlebnissen schreiben und ihre persönlichen Gefühle und Stimmungen zum Ausdruck bringen.
- flüssig und Sinn verstehend lesen.
- mit Texten produktiv umgehen (weitererzählen, ausgestalten); einen Text im Stil des Anfangs fortsetzen, aus der Perspektive von Nebenfiguren die Ereignisse kommentieren.
- Informationen aus unterschiedlichen Texten entnehmen, in eigenen Worten wiedergeben, zum Gelesenen eine Wertung abgeben und dieselbe begründen.
- diese Informationen reflektieren, bewerten und für sich nutzen.
- Methoden der Texterschließung (unterstreichen, markieren, gliedern) nutzen.
- Texte wiedergeben und kritisch dazu Stellung nehmen.

Ethik

Die Schüler können
- Jugendkultur als Ausdruck eigener Lebensformen und Möglichkeit der Abgrenzung zu den Erwachsenen (z. B. Mode, Musik, Sprache, Symbole) erkennen und verwenden.
- persönliche Lebensziele gestalten, z. B. Glück, befriedigende Arbeit, materielle Sicherheit, Außerordentliches erleben.
- Wunschvorstellungen vom eigenen Lebensweg bilden, z. B. Erfolg, Reichtum, Traum vom Glück.
- ihre persönlichen Voraussetzungen richtig wahrnehmen und erkennen, z. B. Fähigkeiten und Fertigkeiten, Charakter, Familie, Wohnort, Schulabschluss, Bildung.
- die eigenen Vorstellungen mit den gegebenen Chancen und Grenzen abzugleichen; was ist denkbar, machbar – was nicht, auch im Blick auf die Berufswahl.
- Selbstbestimmung und Selbstverantwortung richtig gegeneinander abgrenzen.
- sich mit den Grenzen der persönlichen Freiheit (Interessenkonflikt, Regelsysteme) auseinander setzen.
- die Fähigkeit zur Selbstwahrnehmung, realistischen Selbsteinschätzung und Selbstkritik erlernen.
- die Befähigung zur Selbststeuerung, Lebensgestaltung und Lebensplanung erlangen.
- Vertrauen in die eigene Person entwickeln und haben die Fähigkeit zur respektvollen und unvoreingenommenen Begegnung mit Menschen unterschiedlicher Lebensgestaltung, Wertorientierung, Weltanschauung und Religion (Umgang mit Pluralität).
- selbstständig Informationen recherchieren und auswerten.

Bildende Kunst

Die Schüler können
- die eigene Person und deren Stellung im sozialen Gefüge der Gesellschaft bildnerisch darstellen.
- innere Einstellungen und Überzeugungen bildnerisch ausdrücken.
- das äußere Erscheinungsbild mithilfe bildnerischer Gestaltungselemente verändern.
- Bekanntes bildnerisch in neue Zusammenhänge setzen.
- sich mit ungewohnten Darstellungsweisen auseinandersetzen.
- konventionelles und digitales Bildmaterial, Layouts und Bilderfolgen analysieren und bearbeiten.
- konventionelle oder digitale Fotografie einsetzen.
- mit Software zur Bildbearbeitung und mit digitalen Bilddateien umgehen.
- Bilder unter verschiedenen Aspekten betrachten und analysieren.
- die Möglichkeiten computergestützter bildnerischer Interaktionen erkennen und einsetzen.
- multimediale Produkte kritisch betrachten und analysieren.

Übersicht über die Vorlagen auf der CD-ROM

Übersicht	
I. Trainingsstufe – Trainer-Training	Übung 1: Let's talk! Übung 2: Check-in Übung 3: Kompetent und beeindruckend! Übung 4: In meiner Jugend – und heute! Übung 5a: Stellenbörse Übung 5b: Unsere Firma Übung 6: Meine Ressourcen
II. Trainingsstufe – 1. Station	Allgemein: Übersicht der SMS-Vorlagen SMS-Titelblatt
	1.1 Trainingsplan 1.2 Symbolkarten 1.3 Einführung von Gesprächs- und Feedbackregeln
II. Trainingsstufe – 2. Station	2.1 Im Skaterpark – Teil 1 und Teil 2 2.2 Musiker und Sportlerin – zwei erfolgreiche Personen 2.3 Erfolgserlebnis – Musiker 2.4 Die Freunde Kai und Mark 2.5 Tipps für Kai und Mark 2.6 Mein eigenes Stärkenblatt
II. Trainingsstufe – 3. Station	3.1 Selbstportrait 3.2 Pantomime 3.3 Double-Profilbogen 3.4 Deine Schwächen machen dich menschlich
II. Trainingsstufe – 4. Station	4.1 Was ist mir wichtig, was mache ich eigentlich gerne? 4.2 Praxis-Check 4.3 Präsentationsformen 4.4 Präsentationskriterien 4.5 Nicos Weg (RS) 4.6 Nicos Weg (HS) 4.7 Inventar 4.8 Stärken – Schwächen und mein Wunschberuf 4.9 Anforderungen meines Wunschberufs 4.10 Mein Plan 4.11 Zielpyramide
II. Trainingsstufe – 5. Station	5.1 Lisa stellt sich vor – Teil 1 und Teil 2 5.2 Stellenanzeige – „Gärtnerin gesucht" und Stellenanzeige – „Webdesigner gesucht" 5.3 Kriterien zur Anzeigenanalyse und Anzeige 1 bis Anzeige 6 5.4 Talente-Hitliste 5.5 Auf Stellensuche 5.6 Machen nur Kleider Leute? 5.7 Fit für das Bewerbungsgespräch 5.8 Bewerbungsrollenspiel – Beobachtungsbogen 5.9 Bewerbungsrollenspiel – Feedbackbogen 5.10 Wir gründen ein Unternehmen 5.11 Strategie-Map

II. Trainingsstufe – 6. Station	6.1 Hast du einen Tipp für mich? 6.2 Du bist – ich bin einzigartig 6.3 „My name is…“
II. Trainingsstufe – 7. Optional	7.1 Erarbeitung von Gesprächs- und Feedbackregeln 7.2 Einkaufen mit dem Sparschwein – Teil 1 und Teil 2 7.3 Kartenspiel
III. Trainingsstufe – 8. Selbsttraining	8.1 Alles hat sein Für und Wider 8.2 So sind wir! 8.3 Zum Nachdenken 8.4 Kannst du dich selbst darstellen?

Christiane Spiel
Barbara Schober
Petra Wagner
Ralph Reimann (Hrsg.)

Bildungs-psychologie

2010, 457 Seiten,
€ 39,95 / sFr. 68,–
ISBN 978-3-8017-2081-0

Schulleistungsstudien wie PISA und TIMSS haben die Notwendigkeit der Optimierung von Bildungsprozessen aufgezeigt. Die Bildungspsychologie trägt zentral dazu bei. Dieses Buch stellt die Bildungspsychologie erstmalig umfassend vor. Der systematische Aufbau des Buches entspricht dem Strukturmodell der Bildungspsychologie. Es umfasst die verschiedenen Phasen einer individuellen Bildungskarriere und berücksichtigt die Aufgabenbereiche der Bildungspsychologie, zu denen u. a. Beratung, Prävention und Monitoring gehören sowie die Handlungsebenen, auf denen diese Aufgaben zu leisten sind.

Franz Petermann
Ulrike Petermann

Training mit Jugendlichen

Aufbau von Arbeits- und Sozialverhalten

9., überarb. und erw. Aufl. 2010,
293 Seiten, inkl. CD-ROM,
€ 39,95 / sFr. 59,–
ISBN 978-3-8017-2320-0

Mit Hilfe des Trainings können Jugendliche und junge Erwachsene im Alter von 13 bis 20 Jahren kompetentes Sozial- und Arbeitsverhalten einüben, das ihnen den Einstieg in die berufliche Ausbildung erleichtert. Das Ziel ist, sowohl aggressiv-dissoziales Verhalten als auch initiativeloses und sozial unsicheres Verhalten abzubauen, indem beispielweise die Selbst- und Fremdwahrnehmung verbessert, die Selbstkontrollfähigkeit und Ausdauer gestärkt, ein positives Selbstbild und selbstsicheres Verhalten aufgebaut werden. Die einzusetzenden Materialien stehen auf der beiliegenden CD-ROM zur Verfügung.

Daniel Walter
Christiane Rademacher
Stephanie Schürmann
Manfred Döpfner

Grundlagen der Selbstmanagementtherapie bei Jugendlichen

SELBST – Therapieprogramm für Jugendliche mit Selbstwert-, Leistungs- und Beziehungsstörungen – Band 1

(Reihe: »Therapeutische Praxis«)
2007, 159 Seiten, Großformat,
inkl. CD-ROM, € 44,95 / sFr. 72,–
ISBN 978-3-8017-1901-2

SELBST ist ein Therapieprogramm zur Behandlung von Jugendlichen mit Selbstwert-, Leistungs- und Beziehungsstörungen im Alter von 12 bis 18 Jahren. SELBST ist störungsübergreifend, problem-, ressourcen und lösungsorientiert. Es integriert jugendlichen-, eltern- und lehrerzentrierte Interventionen. Band 1 erläutert die Grundlagen des Therapieprogramms.

Daniel Walter
Manfred Döpfner

Leistungsprobleme im Jugendalter

SELBST – Therapieprogramm für Jugendliche mit Selbstwert-, Leistungs- und Beziehungsstörungen, Band 2

(Reihe: »Therapeutische Praxis«)
2009, 236 Seiten, Großformat,
inkl. CD-ROM, € 59,95/ sFr. 99,–
ISBN 978-3-8017-1882-4

Band 2 des Therapieprogramms SELBST basiert auf dem Selbstmanagementansatz und besteht aus sechs Therapiebausteinen, die darauf abzielen, die Leistungsmotivation zu fördern, planerische Fertigkeiten und Lernstrategien zu vermitteln, die Mitarbeit im Unterricht zu verbessern und Strategien zum Aufholen verpasster Lerninhalte aufzuzeigen. Zahlreiche Beispiele veranschaulichen das diagnostische und therapeutische Vorgehen in den einzelnen Behandlungsphasen.

HOGREFE

Hogrefe Verlag GmbH & Co. KG
Rohnsweg 25 · 37085 Göttingen · Tel: (0551) 49609-0 · Fax: -88
E-Mail: verlag@hogrefe.de · Internet: www.hogrefe.de